沟通的艺术

赵 磊◎编著

中国纺织出版社

内 容 提 要

现今社会，沟通能力的重要性不言而喻，一次顺畅的沟通可以让人酣畅淋漓，能够清晰地理解他人并且作出回应，能够用自己的人格魅力和语言能力去说服他人……这样的人和这样的能力都是这个社会非常需要的。

本书汇集了诸多实用且行之有效的沟通技巧，让读者能够学会提问、应答、赞美、拒绝等优质的沟通技巧，并且能够利用各种沟通技巧解决生活中难以应对的问题，使自己的人生之路走起来更加顺畅、从容。

图书在版编目（CIP）数据

沟通的艺术／赵磊编著. --北京：中国纺织出版社，2019.11

ISBN 978-7-5180-6079-5

Ⅰ.①沟…　Ⅱ.①赵…　Ⅲ.①人际关系学　Ⅳ.①C912.11

中国版本图书馆CIP数据核字（2019）第063043号

责任编辑：王　慧　　特约编辑：李　杨

责任校对：寇晨晨　　责任印制：储志伟

中国纺织出版社出版发行

地址：北京市朝阳区百子湾东里A407号楼　邮政编码：100124

销售电话：010—67004422　传真：010—87155801

http：//www.c-textilep.com

E-mail：faxing@c-textilep.com

中国纺织出版社天猫旗舰店

官方微博http：//weibo.com/2119887771

三河市延风印装有限公司印刷　各地新华书店经销

2019年11月第1版第1次印刷

开本：880×1230　1/32　印张：5

字数：180千字　定价：39.80元

前言

不知道在你生活和工作的圈子中，有没有这样一类令人羡慕的人，他们的外貌并不出众，能力也一般，但在这个圈子里，他们似乎掌握了一种魔法，一种呼风唤雨的能力，似乎大家都很喜欢他们，他们也混的风生水起，仿佛无论他们到哪里，都受到欢迎，他们总是能受到上司的器重、客户的关照，所以，他们比别人更容易成功。

也许你敬佩或是不服气他们的成功，并在心中疑问，他们到底是怎样做到的呢？

其实，他们并不是有什么通天的本事，而是因为他或掌握了与人沟通的艺术，他们说出的每句话，都能让别人感到愉快，且都能对他人产生积极的引导作用。的确，在现代社会，无论是职场还是商场，一个人的口才就是软实力，决定了一个人的人际关系，如果别人认同你、喜欢你，就会愿意帮助你、与你开展合作，才会给予你更多的机会，让你获得成功。

生活中，我们经常看到，人与人之间的沟通，有时候一句话可以化干戈为玉帛，也可以让朋友之间老死不相往来，可以让一单生意就此泡汤，更可能让爱人就此离开。可见，沟通与我们的生活密切相关。

当然，真正的沟通能力，不仅仅只是拥有滔滔不绝的说话能力，更重要的是我们有见机说话的技巧。善于说话的人不一定说得很多，但是，他每说一句话都能够恰到好处。而之所以那些高情商者能将话说到点子上，还在于他能够通过语言来影响他人的心理，说出对方想听的，了解对方所担心的、顾虑等，这样，我们就找到了与他人进行良好沟通的那把钥匙。

每个现代人，都必须认识到沟通艺术的重要性，并且，要从现在起，就在生活和工作中有意识地提高自己的沟通能力和语言水平。因为任何人都不是天生的语言学家，都不可能生来就掌握沟通艺术。任何人，只要做到不断学习和提高，都能轻松驾驭语言，轻松地与人交流。

事实上，可能我们每个人都希望找到一个语言导师来帮助自己提高沟通水平。但寻找的过程是艰难的，这里，我们推荐一本枕边书——《沟通的艺术》。

从这本书中，你能认识到沟通艺术的重要性，并且，在书中提出并分析的每一个沟通技巧都是古今中外口才经验与智慧的总结、提炼和升华，都经过成功人士的实践和锤炼。最重要的是，在书是提供了不同场合下的语言情景训练，从而更鲜活地教导你如何巧妙地与人沟通，增加你说话的能力。相信你在熟读本书后，一定会对如何沟通有更深层次的理解，更能让你找到如何在工作、社交上，甚至在生活中从容应付的奥秘，最终帮助你成为一个能说会道、受人欢迎的人。

编著者

2019年1月

目录

第01章　语言沟通：架起一座心灵的桥梁 ……………………001

语言：心灵沟通的桥梁……………………………………002

沟通让感情升温……………………………………………005

沟通可以提升工作效率……………………………………007

语言也需要包装……………………………………………009

主动沟通，争取利益最大化………………………………012

第02章　言谈举止：让彼此沟通顺畅无阻 ……………………015

大方的自我介绍更易留下印象……………………………016

得体装扮，为顺畅交流加分………………………………018

给第一印象加点“言”色…………………………………021

共同话题，消除彼此隔阂感………………………………023

搭讪，让陌生人渐渐熟悉…………………………………026

第03章　魅力展示：增强自我的强大气场 ……………………029

热情的力量不容忽视………………………………………030

做一个有风度的人…………………………………………033

妙趣横生的言谈充满惊喜……037
丰富的知识让谈吐更智慧……040
恰到好处的招呼必不可少……042

第04章 幽默之用：让沟通氛围燃起激情火花……045

幽默是良好人际的润滑剂……046
掌握谐音，让沟通乐趣多……049
用俏皮话暗示批评……051
用幽默缓和紧张气氛……053
发挥幽默效用，营造浪漫气氛……054

第05章 有效赞美：感受温情世界里的美好……057

赞美他人，回馈自己……058
赞美要把握分寸和技巧……061
学会借用他人之口赞美他人……064
另辟蹊径，区别对待……066
衬托式赞美更真实……069

第06章　拒绝有道：巧妙计谋让你如沐春风……………071
坦然心安地说“不”……………072
用转移话题达到拒绝目的……………075
拒绝他人要遵循原则……………078
温柔拒绝让情谊更长久……………081
欲抑先扬，更让他人舒服……………084

第07章　寻求助力：真心实意让你更受青睐……………089
真诚沟通，才能获得主动帮助……………090
要取之，必先与之……………093
用“软话”唤起对方保护……………094
让对方明白自己的利用价值……………096
互惠互利，让他人主动付出……………099

第08章　窘境冷场：巧用妙招让尴尬不解自破……………103
交谈中要善于寻找话题……………104
自我调侃，化解尴尬……………107
借题发挥，有理有据……………109
打“圆场”也可化解唐突……………111
自嘲也可以趣味满满……………114

第09章 混迹职场：少说多做助你步步攀升……117

把握说话的尺度感……118

在老同事面前要示弱……121

言辞得当，秀出才能……124

与领导沟通，说话要克制……127

沉默有度，不要妄加评论……130

第10章 设身处地：探寻需求轻松搞定客户……133

初次见面，先赢得客户好感……134

诚信经营，打动客户内心……137

时刻为客户着想……139

把握时机，一招制胜……144

漫不经心一样可以感动客户……147

参考文献……151

第 01 章

语言沟通：架起一座心灵的桥梁

语言：心灵沟通的桥梁

任何有益的交流，一定是建立在交心的基础上的。日常生活中，我们已经习惯了太多的言不由衷，也看见了太多的虚情假意。在这种客套中，人心似乎被包上了厚厚的茧，彼此尽管表面上一团和气，心底却是老死不相往来。如果社会中人与人之间始终这样冷漠下去，那么整个社会的氛围将会越来越恶劣和冷淡。每当我们看到一点点的真心真意，都会觉得万分珍惜。实际上，要想得到他人的真心相待，并不困难。常言道，有付出才有回报。如果想得到他人的真心相待，我们首先应该真心对待他人。

在进行语言表达时，与其说些不疼不痒的客套话，白白浪费宝贵的时间，不如学会和他人交心，让他人感受到你的心绪。生活中，很多人不好意思直接了当地表达自己的心情，甚至越是亲近的人，越要掩饰自己的感情。其实，许多误解都是因为沟通不到位导致的！甚至，有些误解还变成终生的遗憾。想到这一点，我们就应该坦诚地与人沟通，尤其是自己所爱、所关心的亲人朋友爱人等。唯有如此，才能最大限度地减少误会，增进彼此间的感情。对于内向的人来说，如果不好意思明示对方自己的心意，也可以采取委婉的方式，表达自己的情绪和感受。这样一来，对方也许就会主动沟通，彼此打开心扉。沟通，也就水到渠成了。总而言之，千万不要成为生活中的面瘫人，始终缄口不言，更不要对生活冷暴力，否则生活也一定会以冷暴力对待你。从现在开始，就让我们敞开心门，迎接他人，也张开怀抱，接纳他人吧！只要人人都付出一点爱，世界一定会变成美好的人间。

自从结婚之后，原本的金童玉女李渡和艾米就变成一对不折不扣的冤家。李渡非常苦恼，他也不知道为什么原本那个小鸟依人的艾米就变得这么暴躁不安了呢！在又一次争吵之后，艾米一气之下回了娘家。李渡呢，只好孤家寡人。

妈妈得知艾米又和李渡吵架了，说："艾米，你们是不是相处方式有问题呢？不然，你们婚前好得就像一个人似的，怎么现在就闹得不可开交呢！你们这简直不是蜜月，而是战争月。"在妈妈的启发下，艾米也意识到她和李渡也许并没有找到合适的方式一起度过婚姻生活的磨合期。因此，她找到一家婚姻咨询所，向婚姻咨询师倾诉了自己的烦恼。婚姻咨询师问艾米通常有了不满时会如何表现，艾米说："我会不说话，让他自己去猜我为什么不高兴。我觉得，他理所当然应该知道我的感受，知道我是怎么想的。"听了艾米的话，婚姻咨询师说："从你的话里不难分析，你还没有学会接受婚姻生活，依然保持热恋时期的心态。你想啊，你爱人追你的过程一定很辛苦，现在好不容易抱得佳人归，他一定也想好好地放松一下，享受温馨的家庭生活。但是你依然像少女一样难以捉摸，而且有了情绪之后不主动和他沟通。难道你没有听说过一句话吗，男人来自金星，女人来自火星。这句话告诉我们，男人的思维和女人的思维是完全不同的，因此和谐幸福的夫妻生活，一定离不开坦诚布公的交流。假如你每次生气时，不是赌气不理不明所以的丈夫，而是坦白地告诉他你心里的感受，他一定更容易体谅你。怎么样，你可以回家试试，好吗？"

在婚姻咨询师的指点下，艾米才意识到原来男人真的不懂女人的心。她买了一些李渡爱吃的食材，乖乖地回到家里，给李渡做了一桌子好吃的，等着他下班。在浪漫的烛光晚餐中，艾米敞开心扉，告诉李渡自己心里的感受。听艾米说完，李渡惊讶地说："小丫头，我结婚之前怎么没发现你这么爱生气呢？我回家晚半个小时你就生气，我没有把你做的饭吃完你也生气，原来你是个气包子啊！"说完，李渡抱歉地笑起来，还热情地拥抱了艾米。此后，艾米每次情绪有波动时，都会主动告诉李渡。李渡呢，也尽可能地满足艾米的心理和感情需求，他们的婚姻越来越幸福了。

每一个幸福的家庭，都离不开美满的爱情；每一份美满的爱情，都一定有着最真诚交流的心。只要两颗心努力朝着一个方向奔去，只要两颗心总是能够坦诚相待从不遮遮掩掩，婚姻生活其实并没有我们想象中那么复杂。从现在开始，如果你对自己的另一半不满意，那么不妨也学着艾米，敞开心扉，坦然相对吧！

不仅婚姻生活中需要坦诚，其他类型的人际关系也同样如此。不管是同学、朋友还是同事之间，一旦产生误解，就会造成一系列的麻烦。与其等到误解越来越深再来弥补，不如防患于未然，在误解没有产生之前，就以真诚的心和对方坦诚交流。唯有如此，语言才能真正成为心灵沟通的桥梁！

沟通让感情升温

沟通，是表达情感的需要，不管是亲情、友情还是爱情，想要情感更为深厚、长久，一切都离不开彼此心灵上的沟通。那么，我们需要怎么去做呢？

1.主动沟通，切忌封锁内心

为了亲朋好友建立良好的关系，我们要克服封锁心理，主动与他们交心谈心，表达自己的意愿，让对方了解自己，不再担心。如果你什么事情都憋在心里，那么还怎样与他人相处？如果出现问题，我们要及时与对方沟通，让对方明白自己的心思，不要因为自己的沉默不语让彼此之间的关系变得冷淡。

2.换位思考，为他人着想

如果和你的亲朋好友发生了不同意见的争执，你可以进行换位思考，想象一下：如果自己是对方会怎样做？这样就容易理解对方的良苦用心了。

3.学会倾听对方的心声

倾听是一种极好的沟通方式，当你身边的人因为这样那样的问题向你倾诉时，你要做对方最好的倾听者。

4.学会分享自己的喜怒哀乐

分享可以使快乐加倍，平时，你可以有意识地让自己去看或去听一些有意义的事，让自己和别人一起快乐、一起忧伤，使自己在潜移默化中获得情感分享。渐渐地，你也会把自己高兴的事、伤心的事讲给别人听，让别人一起感受你的情绪体验。懂得分享，你与身边人的关系将会更为亲近，你的沟通也会更为顺利。

沟通是生活中的一项重要技能，工作需要沟通，朋友需要沟通，感情需要沟通，家庭需要沟通……沟通可以让你更好地理解别人，也可以让别人更好地理解你。沟通可以使相处的氛围更为融洽。

沟通可以提升工作效率

有人说，沟通是促进社会发展的最关键因素。自然人作为社会构成元素之一，不脱离集体的唯一方式就是“沟通”。沟通让一个团体中的自然人能够互相了解彼此的想法，让大家的思想达成一致，最终让工作效率得到大大的提升。总之，想要你的工作、生活甚至人生更为高效地运行，你必须让自己成为一个懂得沟通的强者。

工作上追求互利共赢，追求团结协作，而这一切的一切都离不了“沟通”，那么想要追求更高的工作效率，我们该做好哪些呢？

1.学会与各种人打交道

为了有效工作，你必须学会与不同的人打交道。人和人之间的做事方式肯定存在差异。团队领导和其他人一样，必须了解如何采取对人们最有效的方式来与他们沟通。人类的行为并不是完全无章可循的，通过观察他人行事的风格，我们可以找到与他们沟通的最佳方式。

2.不要蛮干，有需要就说出来

如果觉得工作量过大，超出了个人能力，不要一味地投身于工作中蛮干。要知道，不说出来的话，老板是不会体会到你的负荷已经到了警戒线的。这也不能怪他，每个人的承受能力不同，老板又如何能体会到下属执行过程中的难度与苦衷？所以，在你的工作超出你的能力或者是你需要他人协助的时候，要敢于说出来，用最积极的方式与领导进行沟通。

3.面子做足，意见不一致也不要伤了和气

我们要明白，这世界不是全属于我，也不可能只有我是对的，这样社会才能进步。若团队没有交流沟通，就不可能达成共识；没有共识，就不可能协调一致，不可能有默契；没有默契，就不能发挥团队作用，也就失去了建立团队的初衷。因此，当我们与同事意见不一致的时候，我们要以礼待人，即便真的是自己对了，也要学会给对方留面子，耐心讲解自己的看法，当他人知道你的用心之后，一定会对你更为尊重、敬佩。

4.心态要好，与人为善

想要更好地与人合作，你就要懂得保持良好的心态，与人为善，谦虚谨慎，千万不要由着自己的性子，动不动就对人发脾气，否则没有人愿意与你打交道。人在与他人相处中要学会收敛自己的脾气，我们需要获取别人帮助的地方有很多，如果我们自傲自大得罪了人，那我们遇到难处的时候就没人愿意伸手。所以，想要让工作更顺心，让工作完成得更出色，我们一定要积累好自己的人脉，在互帮互助中不断成长。

如果一个公司的领导及员工都能认识到沟通的重要性、遇事能够积极沟通，那么这个公司的整体效率也一定极高，这个公司的工作氛围也是愉快而轻松的！沟通创造和谐，沟通赢得人心，它能够凝聚出一股士气和斗志。这种士气和斗志，就是支撑企业大厦的中坚和脊梁。有了这样的中坚和脊梁，必定人心所向，又何愁企业不发展呢？

语言也需要包装

语言，很多时候真的是有生命的。有位文学家说，假如拿刀割它，它也许会流血。语言有时是很残酷的，就像是一把锋利的刀子，甚至会把人的心尖剜掉。既然语言拥有这么邪恶的力量，我们就一定要谨慎地使用语言。民间说，会说说得人笑，不会说说得人跳。这还不是最严重的。最严重的是，语言能够刺激人致死，也能融化人心底里的千年寒冰。好也是它，坏也是它，能左右语言的是我们的心灵。很多时候，当我们不得不说出残忍的真相时，何不包装一下语言呢！至少，让它听起来平缓柔和，不那么直指人心。

前文说过，语言是人与人之间交流的介质。倘若能够灵活运用语言，我们的交流就会更加顺畅。相反，假如总是词不达意，或者说起话来让人心里难受，只怕人际关系会非常紧张，你会处处碰壁，很难如愿以偿。社会经验丰富的人，尤其懂得善用语言。同样的一件事情，由不同的人以不同的语言表达出来，效果大相径庭。因此，当我们打着真诚的旗号想要结识更多的朋友时，千万不要觉得只要有真诚就足够了。因为虽然内容很重要，但是形式同样不容忽视。

这个周末，王强一边盯着手里的百度地图，一边四处游荡。他刚刚调到这个城市的分公司不久，因此总是趁着闲暇时间熟悉周边的环境。正当他全神贯注地寻找一家超市时，突然一个背着背包、大学生模样的女孩拦住他。女孩开门见山地说："您好，先生，我是红十字会的志愿者，正在进行募捐活动。如果您捐款，我们会送您一个徽章作为纪念。"王强被这女孩直截了当的表达弄蒙了，一时回不过神来。他仔细打量女孩，看到女孩的确穿着红十字会的衣服，也拿着红十字会的徽章。但是，他很犹豫。现代骗子太多，他怎么才能确定这个女孩的真实身份呢！他最终拒绝了女孩的请求。他漫无目的地走着，思来想去，觉得这个女孩应该真的是红十字会的志愿者在进行募捐。然而，他又想：这样募捐，只怕收效甚微。

王强走了一圈，居然回去寻找女孩。果不其然，经过他的一番观察，给女孩捐款的人少之又少。这时，王强走上前去，说："你好，我觉得你可以换一种方式表达，效果也许会更好。"说着，王强开始教女孩表达的技巧。在王强的指导下，女孩对着从不远处走过来的一位男士说："先生，您好！非常抱歉，耽误您宝贵的1分钟时间。我是中国红十字会的志愿者，南开大学的学生孟雪。今天，我们为了汶川地震进行募捐，希望您能停留下来了解一下。不管您捐献多少善款，我们都会赠送您一枚红十字的徽章，感谢您为汶川灾区贡献自己的一份力量。谢谢您！”听完女孩说话，那位男士略有迟疑，之后掏出钱包捐了20元钱。女孩受到很大的鼓舞，连连感谢王强。就这样，一个上午下来，女孩居然募集到几百元的善款，这让她非常激动。分别在即，女孩再次感谢王强。当然，王强也没有忘记捐出50元钱，为灾区贡献自己的一份爱心。

在没有包装之前，女孩的表达方式是开门见山式的。她根本不在乎对方的感受，只是一股脑儿地说出自己的需求。经过语言的包装之后，她的语言显得不那么咄咄逼人了，而且能够从他人的角度考虑问题，更加体贴。当然，她的语言也更加有礼貌，消除了捐款人关于捐多少钱的心理压力。如此一来，她的募捐效果自然大为改观。这就是包装语言的重要性。同样的事情，即便是由一个人来说，如果语言表达方式不同，也会给人留下截然不同的印象。

要想生活变得更加美好，就应该有更多的人加入包装语言的队伍中来。这就像是夫妻关系。有些夫妻说起话来就像打机关枪，一辈子打打闹闹，没有一天消停。有些夫妻则完全不同，他们相敬如宾、举案齐眉，说话从来连脸都不会红的。人际关系也是如此，要想与他人搞好关系，就应该努力改变自己的语言方式，作出高情商和高智商的表达。要知道，当别人还不了解你时，你的语言就是你的名片，你的语言也最生动地向别人传达了你的敬意。

主动沟通，争取利益最大化

生活中很多问题，人们都因为抹不开面子，选择被动地解决，以至一再拖延，把原本很简单的问题变得越来越复杂，把原本无关紧要的矛盾变成致命伤。这样的结果，想必是每个人都不愿意看到的。

在人际交往中，沟通起到的作用至关重要。很多时候，那些造成遗憾的误解，恰恰是因为沟通不到位所致。倘若每个人都能够正视问题的存在，客观地分析和评价问题，积极主动地解决问题，那么有很多误会就不会发生。尤其是在职场上，在面对上级时，作为下属，很多人即使对工作的现状不满意，也不敢直接向上级反馈。这样不断地让矛盾积累，等到终于爆发的那一天，必然惊天动地，后果不堪设想。尤其是在职场上，不管是对上级还是对下级，都应该主动沟通。只有沟通顺畅，工作才会更加顺利，同事关系才会更和谐。

自从公司从总部调来了新经理，小小和同事们的苦日子就开始了。原本，她们每天都可以按时下班，姐妹们在一起逛街、吃饭，度过愉快休闲的夜晚。然而，现在每天都加班到八九点钟，下了班累得只想回家睡觉，小小觉得这份工作简直就是一种折磨。

如此坚持了半个多月，小小开始消极抵抗。每天晚上加班时，她不是偷偷地用手机看电视剧，就是在网上浏览娱乐新闻。渐渐地，她的工作质量下滑，不但无法保证完成工作量，还错误百出。一天晨会，经理生气地当着全部同事的面狠狠地批评了她。小小委屈得直哭，当场爆发。她歇斯底里地喊道："你算个什么领导，有你这么用人的吗？我们白天上一天班已经够累了，晚上的时间也被你个周扒皮剥夺了。你现在还好意思批评我，你怎么不先反省反省你自己呢！我们是人，不是机器，我还不愿意被你使唤了呢！"说完，小小生气地摘掉工牌，辞职了。

这个案例反映了很多职场人士的生存现状和心态。在领导无休止的加班要求面前，他们既牢骚满腹，又不好意思直截了当地向领导提出意见，只能任由负面情绪不断积累，最终自己无法忍受，一通爆发之后愤而辞职。其实，这样的做法并不明智。既然在默默忍受之初，就已经想好了如果有朝一日无法忍受就辞职，那么，为何不能在事态没有恶化之前，主动与上级进行沟通，表达自己对此事的看法呢！也许，上级并非不近人情，只是有些事情没有考虑周到而已。就像上述事例中的小小，如果在刚开始加班之初，就与上级沟通，告诉上级自己需要休息，需要正常的作息时间，需要在下班之后放松身心，第二天才能以更好的状态投入工作，那么最坏的结果无非就是上级不接受她的建议，导致她辞职。尽管这个最坏的结果和现在差不多，但是最起码自己努力为自己争取了权益。现在呢，什么效果也没有，就这样离开了单位，简直是白白牺牲。

每个人都有最基本的权利，即使在职场上，职员也有权利为自己争取合理合法的休息时间，这一点没有任何人能够改变或者干涉。当职场生涯不如意时，与其冲动地意气用事，不如冷静理智地主动出击。有什么是不能当面交流的呢？一切都是可以商讨的。记住，只有主动，才能占据优势，才能左右事态的发展，为自己争取利益最大化。

第 02 章

言谈举止：让彼此沟通顺畅无阻

大方的自我介绍更易留下印象

人都说一回生、两回熟。“两回”不难，难就难在头“一回”。难在哪儿呢？难在面对的是陌生人，不知该从什么话说起，不知该说什么话，不知该说的话会不会让人听了感觉不悦……也就是说，面对陌生人，最难的就是如何通过自我介绍，给对方留下美好的第一印象。如果我们懂得抓住对方的心理，用一番别具特色的语言，定能打动对方。

小唐第一天上班，她的工作就是负责接电话，但是对方好像听不懂她在说些什么，她表现得很紧张，用手捂着话筒对我说：“李姐，我是新来的小唐，早上也没跟你介绍一下，真对不起。客人好像不懂我在说什么，我刚来对业务也不太熟，你能帮我向他说明吗？”

原本还觉得新来的小姑娘不懂事的老职员李姐一下子怒意全无了，她心想：看她的样子虽然很可笑，不过如此认真的态度倒是让人颇有好感，让别人也乐意帮她，比一些不懂装懂而误事的人强多了。

总之，自我介绍是一门学问。自我介绍的每一句话都要说到对方心里去，散发出你的交际品质，让对方觉得你是一个有个人风格的人，对你产生良好的印象，这样也就成功达到攻克“陌生人心理堡垒”的目的。

那么，与陌生人初次见面的过程中，该怎样大方地介绍自己，才能给对方留下好印象呢？

1.巧妙地介绍自己的名字

与人初次见面时，想让对方记住自己，最简单的办法就是让对方记住自己的名字。例如，你可以对自己的名字作一个简单但容易被别人记住的介绍：“我姓接，接二连三的接，认识我，你会有接二连三的好运！”

2.自我介绍要摆脱陌生人情结

其实每个人跟陌生人交谈时内心都会不安，因此，我们一定要自己先放下陌生人情结。面对陌生人不需要特意装模作样，不过也要表现出你的诚意。只有这样，才能显出你的大方和热情，而不至于扭捏作态，才会让对方觉得你是一个有良好的交际品质的人，从而愿意与你进一步交往。

3.解读现场的气氛与对方的心态

自我介绍不可太过冗长，有时候只需要简短的一两句话，因为吸引别人的也许正是开篇的某个亮点。同时，我们在介绍自己的时候，要避免谈论让人讨厌的话题，不要一个人一直发表高见，也要学习倾听别人说话。解读现场的气氛，看准时机再发言。

4.保持谦虚低调

你在自我介绍的时候，除了突出自己的亮点，还是谦虚低调为好，免得给别人留下此人爱吹的第一印象。

出入社交场合，免不了要自我介绍一番。很多人觉得这很容易："您好，我叫××，唱二人转的，很高兴认识你。"这不就结了？如果一个陌生人这样和你说话，像这样平淡无奇地自我介绍，下次见面时，你十有八九会忘记对方的名字，甚至压根儿忘记这个人。忘记别人是谁可能会尴尬，不被人记住才最可悲。

得体装扮，为顺畅交流加分

小慧人长得非常漂亮，但是在衣着打扮上很随意。她总是觉得没有必要为了世俗的审美观而浪费自己的时间。

为了贴补家用，小慧决定开一家出售天然化妆品的商店。但是开这样一家小店需要2万块钱的资金。她没有足够的钱，因此决定向银行贷款。这天，小慧上身穿一件旧T恤衫，下身穿一条洗得发白的牛仔裤，来到了银行。

当她把自己想要贷款的要求提出来之后，一位经理接见了她。等她陈述完之后，经理认真地从头到脚看了她一遍，二话没说，就拒绝了她的要求。小慧沮丧地回到家，她男朋友说：“银行是一个投资机构，不是救济所，在那这里，T恤衫和牛仔裤是没有说服力的。”

随后，在男朋友的陪同下，他们去购买了西装，还写了可行性报告，另附有预估的损益表及一大叠文件附页，连同自家的房产证，都装在一只精美的塑料卷宗夹里。这次，他们没费口舌就得到了贷款。

心理学家研究发现，第一次见面时，在7秒钟之内产生的印象可以保持7年，一旦形成，就很难改变。由此可见，形象对一个人来说多么地重要。事实上，很多时候，人都是通过外表来获得第一手的感官印象。一个人究竟是好人还是坏人，他人基本上都是从相貌来判断。一般情况下，人对感觉好的人，愿意多接触，对感觉不好的人，不愿意多接触。所以，千万别忽略自己的形象。良好的形象会给你带来人缘、机遇和财富。所以，18岁以后的年轻人，在社交的时候一定要多注意自己的形象。那么，在具体的操作中到底该怎么做呢？

1.穿着搭配要和谐

“和谐就是美”，一个人的长相是没办法选择的，但是一个人的气质是可以塑造的。气质的塑造除了一个人本身的学识修养和气场外，还要靠服装来装饰。在穿着打扮的时候，搭配一定要和谐。衣服和裤子搭配要和谐，鞋子和服装搭配要和谐。红衣服搭配紫色的裤子自然不怎么好看，西服搭配运动裤也没有美感。搭配不但款式要讲究要和谐，颜色也要讲究和谐。除此之外，男人还需要注意衬衣和领带以及和西服之间颜色和款式的和谐。女人要注意身材和款式之间的和谐，身材胖者，多穿宽松一些的款式，身材瘦者，可以穿紧身一些的款式。总之，不管怎么穿，要总体看起来和谐。因为和谐能给人一种美的感觉。这种感觉往往会让对方觉得你的人脉广，人际关系和谐。

2.要注意个人卫生

个人卫生对一个人的形象的影响也非常重要。很难想象，一个蓬头垢面的人能建立好的人脉关系。大多数人都不喜欢同肮脏、邋遢的人说话和交往。所以，一定要多注意个人卫生。平日的衣服要一周洗两次，贴身的衣物要保证每天清洗。当然，每天要保持洗澡的好习惯。鞋子出门前一定要记得打油，如果是运动鞋或者布鞋，一定要洗干净。头发和脖子要勤洗，尤其是一些平时不注意的死角要清洗干净。耳朵也要经常清洗，最好是每次洗脸的时候，清洗一遍。指甲要勤剪，指甲缝里要保持干净，不能藏污纳垢。同时手也要清洗干净。在人际交往中，良好的个人卫生往往能给人一种耳目一新的感觉。

3.随同环境而改变

和谐的打扮除了服装的搭配要适当之外，还要与具体的环境和谐，也就是说穿着打扮要与具体的环境相适应。例如，在运动会上，就需要穿运动服，至少应该是相对宽松的服装，有利于运动，如果穿西服或者是裙子就会与周围的环境格格不入。在婚礼上，或者是重要的宴会上，就需要穿相对正式一些的服装，如果穿短裤出现，不但是对主人的不尊重，还会因此成为大家的笑料。所以，一定要根据不同的环境穿不同的衣服。当然还要根据温度的改变而改变着装。如果天气很冷了还穿短袖，或者是天气很热了还穿棉衣，就与周围的环境不相符合。

给第一印象加点“言”色

生活之中我们免不了要和陌生人打交道。很多人在和陌生人见面的时候，心里就会感到紧张和畏惧，面红耳赤不知所言，让本该高兴热烈的场合变得十分冷清和尴尬，这样不仅让人感到扫兴，还会影响到自己在对方心中的形象。

中国有句古话叫作“乐莫乐兮新相知”，每一个朋友都是在陌生中逐渐熟悉的，忠贞不渝、肝胆相照的朋友也多数是在陌生中结交的。由陌生到熟悉是需要一个过程的，而这个过程是和说话分不开的。好的口才能够迅速地引起对方的兴趣，拉近彼此的心理距离，最终成就伟大的友谊。因此，我们在和陌生人见面的时候，除了在服装和仪表方面多加注意之外，还要懂得如何说话，给第一印象加点“言”色，从而为以后的交往打下良好的基础。

王熙凤作为荣国府的总管，依靠的不仅是和王夫人之间的姑侄关系，她的嘴上功夫也不错，迎来送往中，所说的每一句话都让人感到亲切和随和，初次见面，短短的几句话就可以拉近彼此间的距离。例如，在林黛玉进贾府的时候，王熙凤几句话就征服了这位孤傲清高的冷美人：

“这熙凤携着黛玉的手，上下细细的打谅了一回，便，仍送至贾母身边坐下，因笑道：‘天下真有这样标致的人物，我今儿才算见了！况且这通身的气派，竟不像老祖宗的外孙女儿，竟是个嫡亲的孙女，怨不得老祖宗天天口头心头一时不忘。只可怜我这妹妹这样命苦，怎么姑妈偏就去世了！’”

如此亲切而又热烈的话一说出口，哪怕林黛玉下车之前有过多少的戒备心理，哪怕她的性格是目下无尘，此时此刻心中也必定如一股暖流流过，即便没有太多的感动，至少也不会对这位表嫂产生反感。王熙凤的话不多，却传出了很多重要的信息。第一是夸林黛玉长得漂亮；第二则是在传达认同的情感：我们是不会把妹妹当成外人的，这里就是你的家，不用那么客气和生分；第三又巧妙地赞美了贾母：老祖宗深仁厚泽，对这位素未谋面的外孙女同样有着极深厚的感情；第四又对贾府的几名小姐进行了一番间接的夸奖：这通身的气派，竟不像老祖宗的外孙女儿，竟是个嫡亲的孙女，让在座的迎春、探春、熙春听了，觉得能和林黛玉并驾齐驱，从而心里美滋滋的；第五又含蓄地称赞了王、邢两位夫人，夸奖她们教女有方。这位“琏二奶奶说话”的功夫，确实达到了炉火纯青的地步，难怪能够在尔虞我诈的荣国府中坐稳管家的交椅。

在社交活动中，人们经常会通过一个人的容貌来形成第一印象。容貌所产生的印象是直接的，却并不是最重要的。事实上，一个人优雅的谈吐、得体的语言和漂亮的表达方式往往能令其获得较高的印象分，他人也会很自然地在心里去赞赏和认可这个人。

语言不仅是表达信息的手段，还见证了一个人的气质、精神状态和心理特征。特别是和陌生人在一起，美丽的语言所起到的作用是十分重要的，它能够给你的事业以及在生活交际方面带来意想不到的收获。

共同话题，消除彼此隔阂感

和陌生人说话，最令人尴尬的问题就是不知说什么好。合适的话题是你和陌生人之间良好的开端。话题找对了，事半功倍；话题没选好，恐怕你们以后也不会有深交。但是如果我们需要这位陌生人的帮助，希望他能给自己的生活提供一些方便，那么我们就必须懂得“说话”，毕竟我们有求于对方。我们需要多思考一下什么话题适合彼此之间谈论，同时最好能让彼此感觉到尊重和亲近。

无论是在工作还是生活中，都要开口说话，与人沟通。对于商人来说更是如此，而且商人多半是和陌生人交谈，开口说话更是决定你的人缘。那么，在与陌生人沟通的过程中我们该如何巧妙地搜寻共同话题呢？

1.要懂得察言观色，找准交流的切入点

一个人的心理状态、精神追求、生活爱好等，都会或多或少地在其表情、服饰、谈吐、举止等方面有所表现，只要你善于观察，就会发现你们的共同点。

2.主动联系，投石问路

与陌生人交谈，先提一些投石式的问题，在略有了解后再有目的地交谈，便能谈得更为自如。如在聚会时见到陌生的邻座，便可先“投石”询问：“您是某某的老同学还是同事？”不管对方与某某什么关系，我们都可以依照此关系进行进一步的沟通。

3.他人介绍，寻找共同点

如果中间人给我们牵线搭桥介绍新朋友，介绍完之后，我们就要懂得如何和对方进行接下来的沟通，如果你打个招呼之后就无话可说，那么你们就极易陷入尴尬的氛围。其实，从中间人的话中我们可以得知对方与中间人的关系，及其身份、工作单位，甚至个性特点、爱好等。我们要记住这几点并留意对方与自己有什么共同之处，并以此作为两人交流的话题。

4.即兴引入

巧妙地借用彼时、彼地、彼人的某些材料为题，引发交谈。有人善于借助对方的姓名、籍贯、年龄、服饰、居室等，即兴引出话题，常常会取得好的效果。“即兴引入”法的优点是灵活自然，就地取材，其关键是要思维敏捷，能进行由此及彼的联想。

5.深入交流，创造共同话题

发现两人之间一两个共同点是不太难的，但这只是谈话的初级阶段所需要的，如果你想与对方进行深入的交流，则需要寻求双方更多的共同点。随着交谈内容的深入，你会发现你们之间的共同点越来越多，为了使交谈更加顺畅，你必须一步步地挖掘深层次的共同点。

初次与人见面，寻找一个合适的话题，不仅能消除彼此的紧张感和陌生感，还能给你带来很多的收获。寻找到与对方交谈的共同话题，是引导对方进入情境同一性的过程，等于获取了对方的认同，双方更容易产生情感共鸣。

搭讪，让陌生人渐渐熟悉

韩强到上海旅游，晚上住进一家宾馆。和韩强同住一个房间的是一个年轻人，二十多岁，看上去非常内向。韩强走进房间后，他一句话也不说，只是低着头看手机。韩强主动对他说："兄弟，你是哪里人啊？"那个年轻人说："我是河北保定人。"韩强说："保定是个好地方啊，我两年前还去过白洋淀，风景非常好。"年轻人"嗯"了一声，就再不说话了。韩强接着说："我来上海是想考察考察市场，然后做点儿生意。兄弟，你到上海干什么来了？是来旅游吗？"年轻人说："不是，是来找工作的。"韩强说："来上海找工作挺好的，这里城市繁华，发展机会也大。你学的是什么专业啊？"年轻人说："电子计算机。"韩强说："这个专业可不错，你电脑玩得一定很不错了？"年轻人说："还行吧。"韩强说："我正想买一个笔记本呢，你说我该买一个什么品牌的呢？你是懂电脑的人，指点指点我。"这个问题引起了年轻人的兴趣，于是他和韩强攀谈起来，两个人谈了很长时间，度过了一个愉快的夜晚。

初次见面，彼此都不熟悉，如果不懂得搭讪，场面就会非常尴尬。搭讪是指主动和陌生人交谈，北京话叫"套瓷"。搭讪可以让彼此不认识、不了解、不熟悉的人开始认识、开始了解、开始熟悉，搭讪是将陌生人变为朋友的突破。

张诚是一家公司的业务代表，他为人热情、性格开朗，不管熟人还是陌生人，张诚都能迅速进入话题。不管他走到哪里，总会很热情地与人打招呼。

周一下班回家，路上突然下起了雨，这时张诚心想自己幸亏带了雨伞，要不回到家就淋成落汤鸡了。走着走着，他发现身旁有位因没打伞而慌张走路的人。于是张诚主动邀请和他共用雨伞，他们边走边聊。张诚说："这么大的雨水，街上都可以钓鱼了！"听到张诚这么说，对方自然聊到自己的兴趣爱好，张诚发现他与自己一样，都很喜欢钓鱼。之后的很多个周末，两个人常常相约结伴钓鱼。经过一段时间的相处，张诚和对方的关系越来越密切，成了称兄道弟的哥们儿。

后来，张诚经过对方的介绍进入一家知名企业工作，工资待遇特别丰厚，每个月的薪水是原来的好几倍，而且发展前景非常好。因为偶然的搭讪，建立起了深厚的友谊，铺垫了美好的人生道路，每当谈到这件事的时候张诚都感觉自己无比幸运。

素不相识的两个人成为好朋友，这是一件非常美好的事情，或许这就是缘分，但缘分也是靠自己主动争取的。虽然不是每一次主动都会让你拥有一个朋友，但是不主动，可以说你和陌生人之间连成为朋友的可能性都没有，等下次见面了，你们依然是陌生人。如果你想扩大自己的朋友圈子，必须学会大胆地与陌生人搭讪。

1.大胆一点，不要羞怯

有些人一见到陌生人就浑身不自在，不好意思与陌生人交谈，有人甚至会感到与陌生人无从谈起。产生这种现象的原因之一是缺乏和陌生人交谈的勇气。试想一下，一个没有勇气同陌生人交谈或者不会与陌生人交谈的人，又怎么能与人交际呢？

2.扫除内心的隔膜

虽然我们常说“防人之心不可无”，但是要想拓展你的人脉资源，首先就需要你把身边的人当作朋友对待，这里不排除有些时候我们也需要把握分寸。如果你一开始就有了成见和内心的陌生感，那么你跟陌生人就只能擦肩而过；如果你鼓足勇气和陌生人真诚交往，这个陌生人说不定就是你未来的贵人。

3.沟通成功，寻求深入联系

随着你对对方的了解，你可以提到他的兴趣和爱好，如他喜欢的运动、他的家乡及母校等。这样做，既可以拉近你们之间的距离，也可以激起对方谈话的欲望。

在我们生活的周围，随时都会遇到陌生人，许多人都会选择以沉默来对待。如果能够积极主动地与这些人实现有效沟通，将会极大地扩展我们交际的范围，同时也能扩展我们的人脉。实现与陌生人沟通，也是一个人必备的基本技能之一。

第 03 章

魅力展示：增强自我的强大气场

热情的力量不容忽视

一个人最让人无法抗拒的魅力就在于他的热情，尤其是销售人员。一个销售人员是否热情，决定了客户是否喜欢并接受他。可以说是销售人员的热情感染着客户的情绪，带给他们愉快的感觉。在这种和谐的气氛中，他们就会不由自主地对你的商品产生好感，最终跟你成交。

华姐是某家购物中心的店长，她是一位热情的领导，无论对店员还是对顾客，她都能用自己热情的笑脸对待大家，感染着与她认识的每一个人。她不仅与广大客户建立起了非常融洽的关系，自己的业绩也节节攀升。

华姐熟知老客户的身高、体形、喜好，并能及时为老客户提供他们所需要的商品和帮助，她对待每一个新客户也始终热情如一。华姐不仅为客户提供必要的服务，还帮助客户作出最佳的选择。为此，不管是老客户还是新客户，都非常喜欢华姐为他们服务，这让她颇得人缘，业绩也很突出。

对此，华姐讲出了她的经验："帮助我的是热情，没有热情就没有销售。"

热情能让一个人的沟通变得更顺畅，可以说是一个人成功不可或缺的因素。我们继续看下面这个案例：

李玉想寒假期间给在外上学的侄女一个惊喜，给她买一台电脑。

来到电器城，李玉惊呆了，这么多品牌，这么多样式，买哪个好呢？其实自己也不是很懂，还是听听各个店员的介绍吧。她来到一位20岁左右的姑娘面前说："美女，我想买台电脑，你给我介绍一款吧？"本想着能够听听对方的建议，可是对面的姑娘冷漠地说："您先等一下吧。"说着就低头做自己的事情了。这下把李玉气得不得了，说了一句"不卖拉倒，好像就你卖似的"就离开了。于是李玉就去别处看看，这时有个小伙子非常热情地招呼李玉："姐，您是在看电脑吗？过来看看，有什么需要的我可以帮您介绍。"看到小伙子如此热情，李玉的气瞬时就消了，于是跟他谈了起来。小伙子首先对李玉买电脑的要求了解了一下，然后又给她介绍了几款适合李玉要求的电脑，随后作了一下对比……最后他们一致决定了一款电脑，整个过程李玉感到非常开心。这个小伙子为人非常热情，态度也很诚恳，正是因为他的这种服务态度感染了李玉，李玉购买了他的电脑。临走之前李玉还告诉小伙子以后就介绍自己的朋友来他这里买，小伙子热情地送走了李玉。

对于销售人员来说，做到主动热情地与人沟通有哪些技巧呢？

1.待人要亲切，实事求是

待人要亲切，要有人情味。即使面对陌生人，在微不足道的小事或细节上，也要认真以礼相待，不要自视高人一等。在谈话中要光明磊落、堂堂正正，不要以卑鄙、狡猾的手段去达到自己的目的。此外，还要应客观地、谦逊地表示自己的意见，不要说一些不切实际的话。

2.让人感受到你的真诚

为人热情离不开真诚。诚恳能带来朋友间心灵的共鸣、精神的寄托、思想的交融。能真诚对待别人的人，他们身边总聚集着一大堆的好朋友，总是让人有安全感、愉悦感和信赖感。

3.保持努力向上的心态

热情，与自身的努力是分不开的。首先，要调动起自身的潜力，全心全意做好自己的本职工作。工作出色了，有了业绩，自己会产生一种成就感和优越感，也就有了工作的动力。其次，工作做好了，也会赢得别人的尊重，工作起来也会想更上一层楼。这样你才能更好地感染周围的人。

4.交谈要面带微笑

如果说眼睛是心灵的窗户，那么微笑就是心灵的发言人。一个微笑所负载和传导的真情，胜过千言万语，对客户的感染是非常强烈的。微笑的唯一前提是真诚，没有真诚，微笑就不能是微笑，而只能是冷笑。所以说，你若要想沟通得顺畅，先收起那副不讨人喜欢的面貌，赶快翘起嘴角，放松眉头，用你可爱的笑脸去面对他人吧！

热情能营造一种积极向上的氛围，感染着每一个人。如果你始终以最佳的精神状态出现在对方面前，那对方一定会因此受鼓舞，你的热情会像野火般蔓延开来。如此，你的热情就能感染和打动他。总之，沟通，就要让对方看出你的热情，看出你的真诚，这样你才会感染对方，让彼此的沟通更为顺畅。

做一个有风度的人

程志强刚进公司没多久，就和办公室同事“打成了一片”。他性格豪爽，很喜欢开玩笑。

公司一位女同事小亚结婚，邀请大家一起去喝喜酒。

婚礼上，所有同事都赞美小亚打扮得真漂亮，而程志强却说化妆师用假刘海掩盖了新娘原本美丽的真发，简直就是画蛇添足。在场的同事都说他不懂，而程志强却固执地认为，化妆师太没“技术含量”了。

喜宴的时候，新娘穿着一身洁白的婚纱出现在台上。

主持人问坐在台下的观众：“新娘美不美啊？”

所有人都高呼：“美！”“太漂亮了！”

程志强却偷偷说道："婚纱很漂亮，不过新娘穿着可能有点儿不太合适。"由于程志强坐在靠前的位置，离固定式话筒比较近，所以他的话被全场听到了。新娘的面部表情立马僵硬了，幸好主持人急中生智，才让场面没有失控。

后来，程志强又经常遭到一些女同事的白眼。有女同事下班后准备去美容，程志强知道后笑着说："别弄得跟个妖精一样，不然只好我娶你了。"结果，那个女同事的男朋友正好在外面等着，程志强这句话差点让他冲进来。

还有一次，一个女同事认识了一个新的男友，正好那天去接她让程志强看见了。程志强第二天笑着说："你男友还不如我帅呢，还不如跟我好。"这个女同事气得不再和他说话了。

渐渐地，程志强发现，许多女同事都不愿和他说话了。

性格豪爽的程志强哪里能忍受这种"尴尬"，他在和一帮男同事聊天时说出了自己的困惑。同事韩越说："你啊，和办公室的女同事说话，太没有风度了。"

"是啊，对女同事说话必须有风度。小亚一定是没想到你会在她婚礼上说出那样的话。"另一位同事附和道。

"我说话没有风度？"程志强百思不得其解。"是啊，你好好反思一下吧。"

回到家的程志强仔细琢磨了同事们的话，又联想到自己对女同事的态度，猛然醒悟。从那以后，他在办公室里老实了很多。

所谓风度，是指美好的举止、姿态及表情等。一个人是否有风度，一多半来自他说话是否魅力。说话的风度是一个人内在气质的言语表现，是一个人的涵养的外化。使自己的说话具有风度，是增强自己说话魅力的重要途径。否则，你将无法与他人沟通下去。对此，大家一定要注意以下几点。

1.耐心发话，不抢话争话

你要给别人发言的机会，不能迫不及待，在他人侃侃而谈时硬是掐断他的话头，让自己一吐为快。发表己见首先应具备的修养就是耐心，待别人充分发表意见之后，或轮到你的次序时，你再发言不迟，这不仅不会减轻你发言的分量，还会调动大家的情绪。

2.动作要稳重，不要人身攻击

说话要适当做些手势，但不要过大，更不能手舞足蹈，或用手指指人。交谈双方距离不宜太远，也不宜太近，要根据双方的关系而定。此外，说话时尊重对方的人格是最大的礼貌。如果在语言上进行人身攻击，不但有辱于对方的人格，自己的人格也会因此而降价。

3.说话要因人而异

对不同文化程度的人说话要因人而异。文化水平低的人不习惯使用书面语言，跟他们讲话应该用家常口语；如果用接近书面语言的话，或太过典雅的词句，就难以与之沟通、交流了。要注意的是，文化层次高的人更爱听委婉的话，不爱听质问或不客气的话。

4.玩笑要适中

朋友之间相处的时间长了，总免不了开开玩笑。但在开玩笑时，应注意不要伤及他人的自尊。不管男女，对一些较为敏感的话题，应该适可而止，千万别“祸从口出”，因为一句玩笑断送彼此之间的友谊。否则，就没有人愿意与你沟通了。

5.尊重他人，切忌随意否定他人

尊重对方是交际的一项基本原则。说话是人的思想的反映，尊重他人的意见，也就如尊重他这个人一样。但有些人为使自己的意见突出，引起他人对他谈话价值的充分认同，常自觉不自觉地对他人的意见加以贬低、否定，结果引发对方的不满和对抗。这样下去，谁还愿意与他做朋友？

说话的风度是人的一种自然特色，是与时代相吻合的。我们反对脱离时代追求风度，也反对脱离自己的个性、身份去讲究风度。任何东施效颦、搔首弄姿、没有个性的言谈举止都毫无风度可言。

妙趣横生的言谈充满惊喜

在交际场合，如果一个人的谈话方式和内容总是一成不变，那么就会失去新鲜感。即使这些语言再动听和美妙，也会因为其僵硬呆板且毫无变化和新意的说话方式让听者失去兴趣，也无法达到说话人想达到的目的，还会让别人觉得他是一个枯燥无味的人，从而对他产生轻视甚至是敌意。

俗话说，好的开始就是成功的一半。我们也可以这样来理解：屡出新意的好口才也是好的开始的关键因素。充满新意的言谈，总会取得意想不到的惊喜。

黄熙成为新科状元之后，有幸陪同乾隆皇帝来到苏州园林之一的狮子林游园。乾隆皇帝看到迷人的建筑风景，兴致勃勃，叫人拿过纸笔，乘着游兴写下了“真有趣”三个大字，之后让手下人拿去装裱，准备把这几个字作为园林的匾额。

黄熙觉得这样的题字太俗气，根本无法拿得出手，便想劝皇帝改一下，但是又怕自负刻薄的乾隆爷龙颜大怒，不仅不听劝，说不定连自己头上吃饭的家伙也保不住，只好暗自咽了口唾沫，准备等待时机再向皇帝进言。乾隆皇帝兴致勃勃，游兴不减，看样子是不会因为一点小事就生气的，黄熙心下有了底，便跪向前来对乾隆皇帝说：“适才圣上题的字苍劲浑厚，意蕴高古，让学生十分佩服，恳请圣上将‘有’字赐予学生，让学生可以每日观摩临习。”

乾隆一听便明白了，心里想：“这个家伙明明是在告诉我这三个字用得不好，但又怕伤了我的面子，即用这种方法来提意见，也算得上是费尽一番苦心了。”于是，就赞许地点了点头，顺水推舟一番，对身边的太监说：“就将‘有’字剪下来给他吧！”

从此之后，苍劲有力的御笔题名“真趣”二字就挂在了狮子林的大门口，后世的游客来到这里，都从心里赞叹乾隆皇帝的书法和文思。

在古代，向皇帝进谏是每一个大臣的责任。但是，有些人在进谏的时候方式显得太过僵硬，让皇帝觉得他故意和自己唱反调，伤了自己的面子，最终不仅不接受他的意见，还让他的脑袋搬了家。黄熙是很聪明的，他不像别人那样去“批龙鳞”，而是用一个比较有新意的方式委婉地向皇帝提出了意见，不仅让乾隆愉快地接受了他的建议，也保住了自己的脑袋，真不愧是说话的高手。

有一位国王，做了一个奇怪的梦，梦见自己所有的牙齿都掉了。梦醒之后，他召来一位智者来解释梦里的现象。

智者说：“陛下，您太不幸了，每掉一颗牙齿，就意味着将会有一位亲人离您而去。”

国王愤怒了，大声地斥责：“你这个大胆狂徒，竟敢胡说八道，来人呐，把他给我拉出去，重责100大板！”

过了一会儿，国王下令找来另一位智者，让他来解释梦里的征兆。那位智者认真听完后，对国王说：“尊敬的陛下，您真幸福呀！这是个吉祥的梦，意味着您会比您的亲人长寿。”

国王高兴得眉飞色舞，令人重赏这位智者100个金币。

这位智者走出宫殿时，一位官员很纳闷地对他说：“真是不可想象！您对梦的解释其实同第一位智者是一个意思，为什么他要挨100大板，而您得到100个金币呢？”

这位智者语重心长地说：“很简单，这是因为我说话的方式不同啊。那位智者只知道用比较生硬的话去解释，自然要挨板子；而我却用了一个比较新鲜的说法让国王感到高兴，自然受到了重赏。”

新意迭出的语言是智慧的体现。一个真止会说话的人会根据倾听对象的不同而作出新奇而又合理的解释，既不违背事实，又不会伤害到别人的感情，这一点，也是智者和愚者的区别所在。

具备出众口才的人不仅在谈吐上优雅从容淡定，而且有一个重要的特质——对众人比较熟悉的事情能够有自己比较独特的认识和看法，言谈之中屡出新意。我们需要明白的是，一个与众不同观念的产生与提出，不仅是智慧火花刹那之间产生的灵感，而且是广阔视野、充满激情、独立思考等优点的综合表现形式。

丰富的知识让谈吐更智慧

先秦时期有“名”家，最擅长“白马非马”等狡辩之术，然而因为对具体政务、社会没有帮助，没有充足的知识学说作为底蕴，经历千年，后儒家、道家、法家、墨家都各有传承，唯独“名”家，很少为人所闻。可见任何事物只有有经历、有知识、有底蕴，才可能得到认可。

那么，怎样获得知识底蕴，让谈吐优雅而知性呢？

1.多读书，读好书

“腹有诗书气自华”，面对众人想要谈吐自如，彰显知性魅力，就要有一定的知识储备。杰奎琳作为风靡整个世界的女人，她的谈吐让多位世界领导人惊叹，她之所以能做到这一点，与她大量的阅读是分不开的。她的房间里整个一面墙都摆满了书，沙发上、小憩的地方都散落着书籍，她从小时候就开始对大部头的小说着迷，她对法国历史可谓了如指掌。渊博的知识、睿智的头脑、迷人的谈吐来自平时一点一滴的积累和学习。尽量做到多读书看报，看到某些好的观点和思想停下来自己思考一下，形成自己的独特想法；看到某些精妙的句子，不妨摘抄背诵下来，久而久之也能出口成章。喜欢看电视的话告别肥皂剧，看一些科教或者人文、政治节目吧，立体的音像作品会让你对一些知识有更深刻的理解。

2.多些生活历练

“人间正道是沧桑”，只有经历越多、历练越多，观念才能越成熟，眼界越开阔，说起话来才能切中要点、震撼人心而有说服力，令人心悦诚服。人们对于成功者多信服，其中原因之一就是他们的生活经验、磨砺比别人多。平时一定要加强生活积累，积极面对和感受生活中的一点一滴，调动所有的感官去体验生活中的声音和色彩、感触和味道。也许你对生活没有更深刻、更宽广的感受，但你可以更细腻、更立体丰富。有机会就努力拓宽自己的视野，没机会就多多从生活中的细节感悟和思考、研究，也能够让我们积累不少生活体验。

3.关注时下热点

不要只关心身边的事情，还要多关注一些时下热点、政治新闻等，这样有利于开阔自己的心胸。心里装着世界的人，胸襟会更广阔，境界肯定要高于一般人，别有一番迷人魅力，言谈举止更雍容大气，说出来的话自然更有气度，更容易被人信服。

同时，也要关注语言的变化，尤其是与年纪小的人说话时，用“时髦”语言更容易达成心理共鸣，沟通更顺利。

一个人的谈吐要雅致迷人，充满知性的智慧，就必须以丰富的知识为坚强的后盾。这样的谈话才能够给人以力量、愉悦之感。

恰到好处的招呼必不可少

我们在每天的人际交往中，都在频繁地与人打招呼，招呼表示一种问候、一种礼貌、一种热情。我们千万不要忽视了一个招呼的作用，一个小小的招呼就是我们人际交往中的润滑剂。对同事的一个招呼，可以有效地化解彼此之间的敌意；对朋友的一个招呼，可以唤起双方之间深厚的友谊；对陌生人的一个招呼，可以减少彼此之间的陌生感。总而言之，一个招呼可以使人与人之间的关系更加和谐、融洽。特别是我们在与陌生人的交往中，恰到好处的一个招呼是必不可少的。

《塔木德》上说："请保持你的礼貌和热情，不管对上帝，对你的朋友，还是对你的敌人。"如果你能够奉行这一原则，就会在复杂的人际交往中获益匪浅。有时候，仅仅是一个看似不经意的招呼，就会加深你在陌生人心中的印象，会增加陌生人对你的好感。你们之间的关系常常在这种不经意中变得更加密切，而这对你赢得陌生人的友谊也有很大的帮助。

对于我们每个人来说，向一个陌生人打声招呼并不是一件困难的事情。只是需要我们在见面时互相问候一声"早上好""中午好""晚上好"，即便只是一个微笑、点头，那也是一个招呼，而这能给我们带来很多好处。

1.消除彼此的陌生感

也许你们在初次见面，第一次打招呼的时候，双方都会觉得有点儿不自然，彼此是陌生的，也不会有多少感触。但是，当你们第二次在大街上碰到，你不经意喊出对方的名字，跟对方打个招呼，对方就会觉得有说不出来的亲切。并且这种亲切随着你们一天一天地打招呼、彼此寒暄会变得更加强烈，到最后你们再见面时，已经完全没有了疏离感，彼此已经不再陌生，甚至有可能会成为好朋友。其实，人与人之间的关系就是这样建立起来的，仅仅是一个招呼的作用，它足以让双方不再陌生。

2.拉近双方的距离

在我们日常生活中，领导和下属打招呼，看似很常见的举动，可它正悄悄地拉近上下级之间的距离。这时候，领导不再是高高在上，而是和下属如朋友般相处。领导与下属之间的关系是企业管理的核心，如果下属只是一味地惧怕领导，那么，这样的企业就不能进行有效的管理与沟通。

当领导与下属因为一声招呼、一句问候而成为朋友后，他们之间就是一种平等的关系，当工作出现了问题时，双方就可以讨论如何来解决。因此，领导者要想管理好一个企业，处理好上下级之间的关系，不妨从打招呼做起。

有时候，我们并没有因为过多的礼节而挖空心思去与对方寒暄几句，只是打声招呼，但这足以让对方心中感到温暖。没有一个人能够拒绝温暖的微笑和热情的声音，这些不仅能够博得对方的好感，也会化解对方冰冷的心。

第 04 章

幽默之用：让沟通氛围燃起激情火花

幽默是良好人际的润滑剂

幽默能为你营造出一个良好的人际关系，是扩大你交际圈的良好方式。萨克雷曾说：“可以说诙谐幽默是人们在处理人际关系时，所穿的最漂亮的服饰。”实际上，幽默不但可以像润滑油一样，滋润你的人际关系，还可以让你的处世更加圆融。

我们在生活、工作和学习中，会遇到各种各样的环境、各种各样的人，也会遇到各种各样的事。在社交场合，人们更喜欢性格开朗的人。工作的压力使得人们在苦闷中去寻找各种解脱方法。假如身边有一个比较幽默风趣的人，那么我们压抑的心情自然会轻松许多。

凯蒂是一个部门经理，在公司里大家都挺支持与喜欢她，主要是因为凯蒂非常善于用幽默的语言与大家沟通。她说话不仅不会得罪人，而且能给手下员工一个委婉的提醒，让员工感觉到领导对他们的尊重。身为经理，凯蒂常常思考的问题是：“我手下的员工喜欢我吗？”幸而凯蒂有幽默感，她开始把它发展为幽默口才。看看下面这件小事，就知道她的幽默口才是如何发挥的了。

凯蒂开完一项业务会议回来后，发现她属下的员工聚在办公桌旁，哼唱着张信哲的《过火》。凯蒂一出现,大家匆忙奔回到自己的位置去工作。

凯蒂对此并没有皱眉头表示不悦，也没有大声责骂，只是说："看来大家的水平还有待提高啊，加油吧！"一句简简单单的幽默话语并没有引起大家的一阵大笑，但是大家都明白其中的意思，如此一来，凯蒂的幽默也就发挥了作用。凯蒂话音刚落，大家都用微笑接受了凯蒂含蓄的批评。就这样，凯蒂这种委婉的方式责备了员工的偷懒行为，而在那种情形下，这也是表达"认真工作"的最佳方式。更重要的是，凯蒂对她自己心理上的问题有了一番新的看法："我部门里的人真正地喜欢我。"她还发现："如果我喜欢他们，并能与他们一同欢笑，给他们所需要的，那么我也就能得到我所需要的——与他们每个人建立更好的关系。"

幽默能让人与人之间的关系更为和谐融洽，既然如此，在与人沟通时我们该如何巧妙地运用幽默拉近彼此的距离呢？

1.积累幽默素材

学习幽默，获取良好人际关系，首先要积累幽默的素材。如果你没有即兴幽默的能力，不如多看一些漫画和笑话，从中体会幽默的感觉，学习欣赏幽默，久而久之，不仅可以将看来的笑话运用自如，自己也可以自由制造幽默了。

2.说好幽默的开场白

说话通常的开场白有两种方式：一种是速成式，就是要在开场时立刻抓住听者的注意力；另一种是缓慢式，就是先让听者了解你要讲些什么，然后再进入正题。无论用哪种方式开始与人交谈，幽默诙谐的开场方式都能帮助你顺利地进入主题。所以说，想要快速与对方建立联系，想要把沟通顺利地进行下去，你就要懂得运用幽默迅速吸引对方的注意力。

3.不断学习他人的沟通技巧

可以体会别人的幽默感，然后模仿一番。我们要时时敞开心扉，去接受各种不同的人和事物，这些人和事物会在我们的心中留下痕迹，成为幽默的酵母。由于社交原因、政治兴趣、业余爱好等，我们的生活中存在许多社会团体。而这些团体是当今社会上的人所聚集的小社会。在这些团体中，不论你是其中的普通一员，或者担任委员、干事、总干事、主席等，你都能从中学习到他人是如何运用幽默的力量的，如果你能把这些东西融入自己的口才中，那将使自己获益匪浅。

幽默是人际交往中的磁石，可以将你周围的人吸引到你身边来；幽默也是转换器，可以将痛苦转化为欢乐，将烦闷转化为欢畅。每个人都喜欢与机智幽默的人做朋友，而不愿与忧郁沉闷、呆板木讷的人交往。

掌握谐音，让沟通乐趣多

从前有这样一个地主，总是靠剥削农民的血汗钱肆意挥霍。这个地主有个嗜好就是吃鸡。于是在他的土地租赁条列里便多了这样一条规则：每一个租种他土地的佃户，在交纳地租的同时还要给他送一只鸡。

年终了，佃户王大嘴去给地主交纳租费，并要租种下一年的土地。他把要给地主的那只鸡装在一个袋子里，地租交完了，谈到下一年的土地使用时，地主见王大嘴两手空空没有鸡，便心中不悦，两眼朝天说："此田不予大嘴种。"王大嘴明白这句话的意思，立刻捉出袋子里的那只鸡。

地主见了鸡，心中大悦，马上改口说："不予大嘴却予谁？"

王大嘴想笑话一下地主，便说："您的话真是变幻莫测啊！"

此时的地主笑呵呵地答道："方才那句话是无（鸡）稽之谈，现在这句话才是见（鸡）机而为啊！"

汉语词汇有个特点就是有很多同音字，这种同音字在我们的日常生活中经常会碰到。同音字有个优点就是它可以表示谐音，写法不同的两个同音字可以相互转化，以表达同样的意思。上面案例当中的地主就是运用汉字的谐音，一语双关，诙谐地回答了佃户的询问，既给自己解了围，又显示了自己的说话技巧。谐音在我们的交流谈话中也会经常被用到，而且有着其他词汇不可比拟的作用。在交谈中善于运用谐音或双关语，常常能使谈话达到让人无法想象的效果。在日常的生活当中，我们少不了要用几个双关语来表达自己想要表达而又无法表达的那种感觉语言。那么，在交流的过程中我们如何掌握谐音或双关的运用呢?

1.掌握谐音也是一门技巧

掌握一门技巧很难，掌握一门实用的技巧更难。说话的技巧包括方方面面，其中谐音或者双关的使用也是一门技巧。语言的学习是微妙的，不易察觉的。在与人的谈话中，也许不知不觉中就学会了几种说话的技巧，尤其在和那些谈话高手的交谈之后或是长期交往之后，我们会为自己的谈话水平大为惊讶。谐音或是双关在课堂上较常见，但都不常用。所以要想掌握更多的常用的谐音或是双关语，就要在与别人尤其是与谈话高手交流中留心学习、吸收那些词汇，并在以后的交流中经常使用，如此方能展现一门谈话技巧的魅力之所在!

2.双关用好解难事儿

一次成功的谈话，有时候往往取决于一句话。一句话说好了，说得得当了，就会使谈话双方感到很轻松，如此，谈话自然就能获得成功。在遇到有些比较棘手、难于开口的事情时，我们不妨使用一些说话技巧，借助于双关或是谐音，将难以启齿的事情用很形象的语言转化成另一种事物来表达，和大家找一种共同的心知肚明的感觉，这样一来，你表达了你的想法，而对方也理解了你的想法。大家相互一笑，便心中豁然开朗了。

3.学会站在对面看风景

双方交往谈话也是有着相对性的。要理解对方的心态，学会站在对方的角度考虑整个事件。有的人说话喜欢直来直往的，从来都不考虑后果。不论你面对什么样的人谈话，总要有个谈话话题，如果你在说话时，用了一句双关语或者是谐音来代指某一件事情，而你代指的这些事情正好涉及另一方的隐私方面，就会伤害到他，从而影响到你们两个人之间的正常交往。

所以，在自己的位置站惯了，看腻了那边的风景，还需要站到对方的位置去看看这边的风景，充分考虑一下在对方的位置上看待同样的风景又会有什么样的感觉。

用俏皮话暗示批评

生活中，有时候，我们在需要指出他人的错误时，却发现，如果直接指出，可能会带来一些负面结果，例如：伤害对方自尊心、伤害彼此间的友谊，或者让对方没面子等。此时，如果我们能以开玩笑的方式和对方说点俏皮话，那么，便能收到暗示对方、让对方认识错误的效果。暗示批评法，即对事物表达自己的看法，不是直说，而是曲说，并达到幽默的效果。

当我们试图指出他人错误而发现这一做法可能会导致对方的抵触情绪时，就不防说点俏皮话，让对方听出你的言外之意，自己认识到错误，从而加以改正。

具体来说，这一方法还可以分解为以下几种方式。

1.影射

委婉含蓄地暗示自己尖锐的批评意见，这种批评虽不如直说那般鲜明尖锐，但它不仅生动形象，而且幽默含蓄，更因富于讽刺意味而耐人寻味。

2.巧借话题

由于转折自然，表达得含蓄而幽默，在不损害对方自尊心的前提下令对方愉快地得到了暗示。

3.设疑

一位吝啬鬼小气得出奇。待客时，他在大杯子里仅仅倒一丁点儿酒，刚好盖过杯底，便请客人喝。一位客人说："你能借我一把锯子吗？"

"你要锯子做什么用？"

"为了把杯子的无用部分全部锯掉。"

这几句富有讽刺意味的俏皮话，用的正是设疑的暗示之法。

4.讳言婉语

人们在日常说话中，由于某些原因，需要避讳，于是出现了讳言婉语。从某种角度看，讳言婉语实际上是一种巧妙的暗示，有时会有幽默的效果。

5.弦外之音

说点俏皮话，开开玩笑，远比一本正经地指出他人的过失和不足更委婉含蓄，更易让人接受！

用幽默缓和紧张气氛

在很多社交场合中，我们常常会看到这样一种情况，交谈的双方因为意见不合、观点的对立、一些误解的产生或者交谈不投机等而使现场气氛凝重、尴尬，甚至导致当事者之间火药味激烈，此时，幽默就是缓和气氛、缓减对立的最好办法。我们经常看到那些蓄势待发的“战争”很轻松地被某些幽默乐观的人三言两语的笑话化解了。因为此时，恰当地运用幽默往往能调节气氛，使紧张严肃的情境乃至僵局变得轻松、活泼、自然，从而减少双方的对立情绪。德国著名的演讲家海茵兹·雷曼麦说：“用幽默的方式说出严肃的真理，比直截了当地提出更能为人接受。”

幽默在缓解对立情绪的氛围方面有着神奇的效果。的确，我们每个人在社会生活中都不可避免地与别人接触，个人的、团体的，或为荣誉，或为金钱，或为地位，或为自由……这样，你也就不可避免地会参与到各种社会生活中来，矛盾与冲突也就不可避免地出现，此时，如果我们能懂得适时幽默，可以缓和紧张形势，制造友好和谐的气氛，从而缩短双方的距离，淡化对立情绪，甚至化敌为友，加深彼此间的感情。

发挥幽默效用，营造浪漫气氛

我们都知道，爱情是我们生活的一部分。有人说：“爱是需要表达的。”但爱情的表达，本无定式，直率与含蓄，各有价值。我们中国人都习惯以含蓄为宜，一是使得话语具有弹性，不至于由于对方一拒绝就不能挽回局面；二是符合恋爱时的羞怯心理；三是符合我国传统文化心理。正是由于这样，幽默作为一种含蓄的语言形式，常常被人们用来表达爱的情感，使人在欢笑中体会到彼此的爱。

在两个人的世界里，幽默可以发挥令人意想不到的作用，它可以增进恋人之间的感情，调节气氛，制造亲切感，它还可以消除疲劳和紧张感，使两个人都能够轻松、快乐地面对生活。

硕士美女陈丽要结婚了，一向交友广泛的她，在身边众多男子中选择了李飞作为交换婚戒的对象。得知这个消息后，她的几个死党大感诧异，因为李飞既不是最帅的，也不是最有钱的，为什么是他？陈丽乐得合不拢嘴："这个简单，因为他最能让我笑，最懂得浪漫！"

原来如此！他是以幽默感赢得了美人芳心，笑出婚姻，的确精彩。

接下来，陈丽聊到她和李飞谈恋爱的过程。

一天，他们坐在公园里。

李飞："我的许多朋友都说你很漂亮。"

陈丽（非常高兴地）："真的吗？"

李飞："可他们又说其实你不漂亮。"

陈丽（吃惊地）："哎哟！"

李飞："是说你不是漂亮，而是迷人。"

陈丽（略喜）："是吗？"

李飞："不过，你只能迷住那些没有经验的男孩子。"

陈丽（失望且困惑）："怎么说？"

李飞："因为你跟他们一样年轻，一样纯洁，一样朝气蓬勃，一样活泼可爱。"

陈丽：（心花怒放地）："哈哈哈，你真坏！"

的确，那些在女人面前很“吃得开”的男人，不管长相如何，都有一套逗人发笑的本领。只要一与这种人接近，就可以立即感受到一股快乐的气息，使人喜欢与他为友。一个整天板着面孔、不苟言笑的“老古板”，是绝对不会受到女孩子欢迎的。不少情感心理学研究者认为，男人平时比女人话少，所以，男人的语言分量就更被女人所注意。不少男人也正是利用幽默的手段来填补自己语言的匮乏，所以，他的魅力便永驻于人们对他的幽默的回味之中。案例中的李飞能赢得芳心，原因也不外乎他善于通过幽默制造浪漫的恋爱氛围。因此，在你的恋人面前多展示幽默的智慧和情趣，既可以共享欢乐，又能更牢地抓住对方的心。

微妙的男女关系里，有不少微妙的心理因素支配着每一个细微的行动，如果你有技巧地掌握和运用这些因素，你就会俘获恋人的心。

幽默不是男人的专利，只要把握适度，女性也不妨在适当的时候“幽默一把”。任何游戏，都必须在理性和情感彼此感应下，产生共鸣，产生乐趣和情趣。而幽默用于情爱生活，由于条件有利，相交靠纯粹游戏而产生趣味要容易些，双方都有取悦对方的心愿，只要一方作出努力，对方一点即通，自然生趣，爱的情感会又进一步。

总之，幽默是爱的伴侣，是爱的守护神。如果你懂得在爱中运用幽默，你最终 将会有情人终成眷属。

第 05 章

有效赞美：感受温情世界里的美好

赞美他人，回馈自己

你再吝啬，也不要吝啬给予他人赞美。赞美是花费成本最低，同时也是对于他人而言最慷慨的给予。假如你能够学会赞美他人，并且经常给予他人赞美，那么时间长了，你会发现你的收获超出你的想象。既然只是一份善良和美好，并不需要你额外付出什么，为什么还要吝啬呢？在社交场合，最受欢迎的人，一定是慷慨赞美他人的人。

生活中，我们赞美他人的机会很多。例如，在看到一个活泼可爱的孩子时，我们理应赞美，因为他是天使降临凡间，带给人们爱和美好；在接受别人的帮助时，除了表示感谢，我们也应该赞美他的慷慨和大方，热情和善良；即使过路的时候看到一株盛开的花朵，我们也可以给予主人一句“花养得真好，太漂亮了”……我们必须知道，也许我们一句不经意间的赞美，就会给他人带来一天的好心情，甚至使其充满信心。善意而又真诚的赞美，就像是温暖炽热的阳光，能够直接照射到人们的心底，让人们心中的阴霾一扫而光，让人们发自内心地感受到人世间的美好和爱。

甜甜所在的公司有两个苗苗，一个苗苗身强体壮，年纪也大，皮肤略黑，被称为大苗苗。还有一个苗苗比较娇小，年纪小一些，皮肤白皙，被称为小苗苗。甜甜刚刚进公司，对这两个苗苗印象深刻。毕竟，一家公司里同名的人还是很少的。不过，经过一段时间的观察，甜甜发现一个奇怪的现象，即大家都很喜欢小苗苗，而不太喜欢大苗苗。其实，不管是小苗苗还是大苗苗，工作职位都一样，工作能力也相差不多，为什么大家特别喜欢其中一个呢！为了弄清楚真相，甜甜进行了认真的观察。

没过多久，细心的甜甜就发现了真相。一天，几个女同事在休息室喝咖啡，无意间说起今天上午来到公司视察的孟总。这时，小苗苗兴奋地说："孟总的气质特别好，你们看，人家不但人长得漂亮，能力强，还特别会穿衣打扮。我觉得，她今天穿的连衣裙就特别衬托她的身材和气质。哎呀，我一定要非常努力，争取也成为孟总那样的人。"听了小苗苗的话，大家都笑了起来，纷纷鼓励她："你呀，这么年轻，这么努力，假以时日，一定不会差的！"这时，大苗苗突然不屑地说："我觉得呢，孟总长得也就一般。她不过是遇到了好时机，进公司比较早而已。"大苗苗话音刚落，在场的同事突然都默不作声，过了很久，才有个同事嘲讽地说："你既然谁都看不上眼，就把自己表现出来给我们看看啊！还瞧不上孟总，你这辈子能活出孟总的样儿来，也算奇迹啦！"说完，同事们都一哄而散，只留下大苗苗一个人坐在休息室。经过这件事情之后，再加上平日里的观察，甜甜发现小苗苗特别善于赞美他人，而且她的赞美是发自内心的。相比之下，大苗苗则总是挑别人的毛病，不管多么优秀的人，在她眼里也不值一提。想想她总是这么在背后议论他人，吝啬自己的赞美，同事们自然也就开始疏远她了。

大苗苗和小苗苗的区别，就在于大苗苗向来吝啬赞美，眼睛里总是看到别人的缺点。小苗苗呢，眼睛里总是看到别人的优点和长处，不管别人是否在场，她都发自内心地赞美他人。日久天长，那些被她赞美的人，一定会对她心生好感，也乐于和她交往。这就是赞美他人的魔力。你也想和小苗苗一样成为受欢迎的人吗？那就从现在开始，努力发现他人的优点，真诚地赞美他人吧！只要你坚持这么做，相信一定会有意外的惊喜。

和很多其他的给予相比，赞美只需要我们拥有一双善于发现美的眼睛和一张有不吝啬赞美的嘴巴。因此，赞美是最容易做到的给予，也是最廉价的给予。而且，恰到好处的赞美，远远比你给予他人更多实质性的帮助效果更好。从现在开始，努力成为一个慷慨赞美他人的人吧！只要坚持下去，你一定会成为备受欢迎和瞩目的人气王！

赞美要把握分寸和技巧

如果在人际交往中人人都乐于赞扬他人，善于夸奖他人的长处，那么，人际的愉悦感将会大大增加。渴望被别人真诚地赞美，是每个人内心的一种基本需求与愿望。而赞美对方是获得对方好感的有效方法，但是，赞美要把握分寸，要有技巧，否则会引起对方的反感，使我们的沟通效果大打折扣。

江明是一个化妆品公司的销售，经过多年的磨炼与学习，他已经成为一名了不起的销售高手。因为江明深谙赞美之道，在沟通方面可以说是做得游刃有余。但是，江明在刚刚步入销售人员的行列时，也曾因赞美不得法而得罪了客户。

有一天，江明去拜访他的客户张女士，恰巧当时张女士的一位女性朋友也在那里。江明一看，心里可别提多高兴了，这意味着马上就要拉来一位新的客户了。为了争取到更多的客户，给刚刚认识的这位女士留下一个好的印象，江明决定依靠赞美这一战术来达到打动她的目的。

此刻的江明可以说是信心满满，他热情地对张女士说："张小姐，您的这位朋友如同天仙下凡，来此贵地还能遇到美女一枚，实属荣幸啊！"张女士的这位女性朋友听了很高兴，走过来跟江明握手，又对他的化妆品问这问那，显得很热情。江明很得意，认为自己的赞美话术奏效了。事实上也的确如此。但就在此时，江明转过头发现张女士一言不发，好像很不高兴的样子，对自己也不再热情了。江明心里明白，自己对其他人表示赞赏之意而将主人张女士忽略，这犯了销售的大忌。江明心里一急，又加了一句话："皮肤稍微白一点的话那就更完美了。"

显然，江明因为一时着急而乱了分寸，他本想着能让两个人更为平衡一些，安抚张女士的心，最后却把两个人都得罪了。结果，并不是两个人都对江明热情有加，而是都对他冷眼相看，认为这个人怎么这么不会说话。就这样，江明不但失去了两个潜在的客户，而且令自己颜面尽失。

赞美本来是一件令人愉悦的事情，但是稍微不当就会引起误解，让人不快。这样的情况下，双方还怎么能够愉快地沟通下去呢?

其实，在赞美一件事物的时候，不管这件事物是你的还是别人的，都不能以同时贬低其他人或事的方式作铺垫。否则，不但达不到赞美的目的，还让人反感，对你产生坏的印象。

那么，如何巧妙赞美，化解不必要的尴尬呢?

1.赞美要恰如其分

恰如其分就是避免空泛、含混、夸大，而要具体、确切。赞美不一定非是一件大事不可，即使是别人一个很小的优点或长处，只要能给予恰如其分的赞美，同样也能收到好的效果。

2. 赞美要真实不夸张

赞美要切合实际，切忌夸大事实，让人觉得不舒服。言不由衷或言过其实，对方都会怀疑赞扬者的真实目的。夸张总归是夸张，如果夸张过度，赞美也就变了味。过分地夸张往往会使赞美脱离实际情况，让人感觉到缺乏真诚的东西。真诚的赞美应该是最朴素的、有所保留的。

3.切忌频繁赞美

如果赞美次数过多，本来应该有的效果也会被削弱，所以说我们不要重复、一遍遍地表达赞美之词，否则会让人觉得虚假、奉承。赞扬的频率是否适中，是以受赞扬者优良行为的进展程度为尺度的。如果被赞扬者的优良行为同赞扬的频率成正比，则说明达到了适度的赞扬频率；如果呈现反比，则说明赞扬的频率已经到了“滥施”的程度。

赞美就像空气清新剂，可以振奋人的精神，“美化”你身边的气氛。但也必须清楚，再好的清新剂也有过敏以至反感者，更何况人与人之间的关系如此复杂。如果不通达人情，不根据所赞对象的心情及当时的具体情况而乱赞一通，恐怕真的会将马屁拍到马腿上。

学会借用他人之口赞美他人

如果你在不经意间听说某人说了你很多好话，你能不高兴吗？但如果某人当面赞美你，或许你会觉得反感，会怀疑他是否出于真心。为什么被传达的赞美更悦耳呢？那是因为通过别人之口传达出的话，会使你坚信对方在真诚地赞美你。

林笑是一个人缘极好的人，公司的领导和同事都非常喜欢她，因为她十分善于通过别人的转述来为自己说话办事。有一次，公司来了新同事徐娇，因为下班正好和徐娇顺路，所以她们经常一块儿回家。在路上，林笑相当热心地为徐娇介绍公司的情况、每个人的脾气习惯等。其中她说得最多的就是她们的顶头上司丽云姐。

“丽云姐是个很有能力的人。我们这个部门以前是受批评最多的，自从丽云姐来后，简直令我们这个部门焕然一新了。上班她总是第一个来公司，几年来一直如此。而且对自己负责的每一件事，丽云姐都力求做到最好，从不延误。我们下面的员工就是受到了她的感染，才转变了工作态度。而且你别看丽云姐平时挺严肃，要是公司聚会什么的她表现得可活跃了，她唱歌是一流的！除此之外，她还会跳舞，还会设计，还会做小点心。丽云姐就是一个全才。”

有一次，公司组织聚会，大家都决定去KTV唱歌，徐娇看着丽云姐玩得如此尽兴，就说道：“没想到丽云姐的歌唱得这么好，林笑姐就经常跟我说你的歌唱得特别棒。当时她说你工作能力又强，还有很多特长，我还真有点不敢相信呢！现在我全信了，林笑姐和我都特别崇拜你。”

丽云姐听后，会意地朝林笑笑了笑。在那之后，丽云姐对林笑更加照顾了。

很多员工喜欢当面赞美领导，可最终落得个拍马屁的名声。领导会觉得这个员工爱不切实际地吹捧，同事们会认为他在讨好上司，只说不做，从而对他产生反感。所以说，我们要学习林笑的做法，借用他人之口说出你的赞美之词，这样既摆脱了谄媚的嫌疑，又让上司容易接受。

那么，背后夸赞别人有什么技巧呢?

1.中间渠道要尽可能少

事实上，如果我们在第三者面前夸赞他人，他人正好听见，那么，我们的意思被他人曲解的概率就要小很多。所以，我们可以创造这样一个“巧合”：在对方正要路过我们的办公室或者其他场所时，我们正在与另一个人谈论此人的优点。

2.夸赞的内容要具体，要实事求是

有时候我们会对别人说：“某人真的是非常能干。”“某人很认真！”“某人是一位好领导。”这样尽管也是在赞美，但是内容有些空洞，听起来就像是在敷衍了事。所以，我们在赞美他人的时候记得说得具体一点，结合具体事例体现某个人的特点。这样的赞美既不会落了俗套，又能让别人体会到你赞美时的用心。

3.用词简洁，赞美更有效

使用简洁明了的夸赞之词是避免信息衰减的另一个办法。虽然我们需要用事实来证明我们的夸赞是有道理的，但是，第三者在传达信息时通常只会传达最容易记住的内容。所以，我们说的最关键的内容，必须也是最容易被记住的。

试想，如果你听到别人直接对你说：“你真漂亮。”或是从别人口中得知：“某某经常与我谈起你，说你既漂亮，又有气质！”相信后一种方式你会更乐于接受。同理，如果你的上司经常对你说一些勉励的话，可能你的感触并不大，但如果在某一天你从另外一个同事口中听到了上司很赏识你，你一定很欣喜。

另辟蹊径，区别对待

有一个杂志推销员抱了一大摞杂志去拜访某个客户，当来到客户的办公室后，她并没有把怀中的杂志展开催促客户订阅，而是看了看客户的书桌，她看见桌上摆了几本杂志。然后，她忍不住热心地惊呼：“哦!我看得出来，您十分喜爱阅读书籍和各种杂志。”

客户听了她这句恭维的话，笑了笑回答："是的！"

然后，她问客户定期收到的杂志有哪几种。

在客户向她说明之后，她脸上露出了微笑，把她的那卷杂志展开，摊放在客户面前的书桌上。她一一分析这些杂志，并且说明客户为什么应该每一种都要订阅一份。

她还提出了这样一项温和的暗示："像您这种有地位的人物，一定要消息灵通、知识渊博。"

她的话打动了客户。于是，她离开时，便带走了客户订阅六种杂志的订单。

案例中的杂志推销员很聪明，当她走进客户的办公室后，并没有急于推销手中的杂志，而是通过观察发现客户喜欢阅读的书籍，然后赞美客户是一位爱好读书的人，虽然只是几句简单的话语，却拉近了推销员与客户之间的距离，从而获得了订单。赞美是有技巧可循的，在我们的生活中，当你在赞美别人的时候，有没有想过赞美可以不必那么直接，那么一概而论，有时候另辟蹊径可以让你收获更多。但如何才能做到另辟蹊径地赞美呢？要注意以下几点。

1.赞美要言之有物

在赞美别人的时候，一定要言之有物，与其说"久仰大名，如雷贯耳"，不如说"您上次主持的那次年终总结会语言流畅，一气呵成，真是让人佩服……"如果你这样说了就是直接提及他工作上的傲人成绩。如果你想要赞美别人的生意兴隆，不如赞美他推销产品的能力，或赞美他的经营有方。如果你只是想向人请教，你应该选择要请教的人的长处，在他擅长的方面请他赐教，这样他一定比较高兴。

2.赞美也要注意对策

虽然人都爱听赞美的话，但是并非任何赞美都能使对方高兴。所以，赞美一个人时，一定要有策略，只有别出心裁，才能打动对方的心。当你想赞美别人时，首先要引出对方更多的话题，观察对方希望怎样的赞美，然后再对应说出赞美的话。也就是说，你的赞美要能满足对方的心理需要。因此，在没有弄清楚对方的喜好前，最好不要随便就使用你的赞誉之词，免得弄巧成拙。例如，到别人家做客，与其乱捧一场，不如赞美房子布置得别出心裁，或赞美一个盆景的精巧，或赞美装饰的精致，要注意欣赏他人的爱好与情趣。主人喜欢养金鱼，你应该试着去欣赏那些鱼的美丽；主人爱养花，你应该去赞美他所养的花草。赞美别人最近取得的工作成绩，赞美别人心爱的宠物，要比说上无数空泛的客气话有效得多。

3.间接赞美他人

我们在赞美别人的时候，往往都是当面赞美，但有时候背后赞美的效果更明显。如果我们当面赞美别人，若赞美不当，可能会被认为我们在奉承他、讨好他，然而，若是在背后说这些相同的好话，被赞美者就容易接受我们的赞美之词，也容易领情。如果我们当着上司和同事的面赞美上司，我们的同事会认为我们在讨好上司，拍上司的马屁，从而引起周围同事的反感。而且，这种正面的赞美所收到的效果也是不明显的，甚至会起到反作用。与其如此，我们不如在公司里上司不在场时，对上司“大力吹捧”一番。我们所说的这些好话，也会很快传到上司耳朵里的。由此可见，背后说别人好话要比当面恭维别人效果明显好得多。你完全不用担心你所赞美的人听不到你的赞美，相反，你在对方背后的赞美，很容易就会传到对方的耳朵里，对方也会因此对你另眼相待。

衬托式赞美更真实

一代文豪莎翁曾说，“赞美是照在人心灵上的阳光”。诚然，在人与人之间的交往中，每个人都渴望自己得到他人的肯定，因此，适当的赞美能表达我们对他人的欣赏之情，也会让我们迅速得到对方的好感。但我们要知道，仅仅是赞美还不够，我们的赞美还必须裹上真诚的外衣。只有这样的赞美，才不会被人视作虚伪的恭维和不怀好意的亲近。

对于赞美的话，人们最重视的莫过于真诚。试想，没有诚意的赞美与阿谀奉承有什么区别？因此，真诚而不轻浮地去赞美别人，是好口才的一个重中之重。如果我们在赞美对方的时候，能够增加一个优秀的人作帮衬，那么，将更能显示出你的真诚与实在。听了你的赞美，对方会想："如果你说只佩服我一个人，我会觉得太假了，可你说只佩服两个人，其中一个是我，那一定就是真的了。"

我们要知道，赞美具有一种不可思议的推动力量，当你对他人真诚地赞美时，就好比用甘甜的泉水滋润他饥渴的心灵。受你赞美的人也就会重视你、肯定你，我们也就能从中获得一种成就感。

例如，如果他是经理，你可以这样说："经理，说实话，咱们单位我最佩服两个人，一个是咱们老总，事业做得大，人又谦逊随和；另一个就是您了，您工作起来总是身先士卒，又年轻肯吃苦，真是我们的楷模……" 如果他是老总的话，你可以这样说："老总，中国企业家中，我最佩服两个人，一个是潘石屹，第二个就是您了……"

毫无根据的夸奖，会让人产生你在拍马屁或者说有不可告人的目的的感觉，而衬托式的赞美会让人感到你的真诚和不虚伪。口才大师卡耐基曾说："赞美和恭维有什么区别呢？很简单，一个是真诚的，一个是不真诚的；一个出自内心，另一个出自牙缝；一个为天下人所欣赏，另一个为天下人所不齿。"因此，在赞美对方时，我们要做到态度真诚，夸奖要言之有物，切忌陈词滥调、华而不实和虚伪轻浮。

第 06 章

拒绝有道：巧妙计谋让你如沐春风

坦然心安地说“不”

生活中，有很多人都不好意思拒绝他人，甚至羞于对他人说“不”。这是因为他们总觉得拒绝他人一定会使他人伤心，所以心怀愧疚，但又因为自己能力有限不可能给所有人都提供帮助，所以受到困扰。其实，说“不”是每个人的权利，不管是在心有余而力不足的情况下，还是在有能力帮助别人却不愿意帮助别人的情况下，我们都可以坦然地说“不”。归根结底，帮助一个人是看在彼此的情分上，但并不意味着你有此责任和义务，因而你也完全可以拒绝他人的求助，顺从自己的内心。

很多人为了帮助别人，导致自己变得非常被动，甚至受到伤害和委屈，如此一来，虽然帮助了别人，但他们非但没有得到满足和快乐，反而郁郁寡欢，可谓得不偿失。有的时候，我们还因为帮助别人心不甘情不愿，导致最终没有兑现自己的诺言，落得失信的下场，这也是很不理想的结果。与其如此，不如在一开始就遵从自己的内心，坦然说“不”，反而能够得到他人的谅解，也能给自己带来心安。记住，说“不”是我们每个人的权利，我们可以理所当然地说“不”，也可以坦然大方地拒绝他人的请求，尤其是那些不情之请。

26岁的小敏怀孕已经7个多月，因为肚子实在太大，她不得不停下工作，专心在家调养身体。小敏住的是租住的平房，一排房子有20多间，整片社区里有三四十排这样的房子。因为闲来无事，小敏常常去对面那排房子，逗那个五六个月的小娃娃玩耍。这家人是在市场里做调味料生意的四川小夫妻，一边做生意一边带孩子，常常忙得没有时间做饭。有的时候小敏妈妈也会帮忙带“小四川”，以便让他妈妈专心做饭。一来二去，小敏全家和小四川全家越来越熟悉了。

有段时间，小敏的父母因为有事情回老家了，小敏独自在家。有一天，小敏正在睡觉，小四川的妈妈就抱着小四川在外面敲门，还说：“在吗？在吗？能帮我看下孩子吗，我急着做饭。”这时，小敏正在关门闭户地睡觉呢。小四川的妈妈敲起门来没完没了，直到小敏开门。看着小四川，小敏为难地说：“不好意思啊，我不能帮你带孩子，平日都是我妈帮你带的，我的肚子太大了，没法抱他。”小四川妈妈却不依不饶，说：“就把他放在床上，你看着别掉下来就行，不用你抱。”无奈，小敏只好留下小四川，帮忙看着。一眨眼的工夫，小四川就差点儿掉到床下，小敏赶紧抱着他送回去，不小心被小四川踹到肚子，肚子隐隐作痛。她一直提心吊胆，足足过去1个小时，肚子才渐渐恢复如常。等到老公下班回来，小敏说起这件事情，老公不由得责怪她："你呀，总是面子薄，她家孩子凭什么一定让你看啊，而且你肚子已经这么大了，自己都行动不便。这个小四川的妈妈也真是的，怎么一点眼力见都没有呢！"说完，老公找到小四川的妈妈，把情况说明了，小四川妈妈这才后怕地说："不好意思啊，真没想到会出这样的事情，给你们添麻烦了，那等阿姨从老家回来我再找你们帮忙吧！"

显而易见，小四川妈妈是一个不知道好歹的人，对于一个挺着7个多月孕肚的孕妇，她居然还死乞白赖地要求对方帮她看孩子。对于这样的人，我们就要看菜下碟，该拒绝的时候一定要毫不犹豫地拒绝，这样才能保护自己。就像小敏，假如肚子里的小宝宝真的出了什么问题，后悔可就晚了。

任何时候，我们都不能因为顾忌他人的面子，打落牙齿往肚子里咽。尤其是当此事事关重大时，就更应该根据我们自身的判断，坚持自己的原则，这样才能有效保护自己。这就要求我们不必过分在意他人的想法，而且要坚定自己的意愿，不能像墙头草一样随风摇摆。总而言之，人与人之间互相帮忙并非责任和义务，人生一世原本就很辛苦，我们没有必要为了帮助别人而过分委屈自己。也许，在我们拒绝他人之时，会被他人指责为"自私自利"，但是只要我们自己心中坦然，又有何妨呢！记住，任何时候我们都是为自己而活着的，不是为了得到他人的肯定和赞许才辛苦地活着。

用转移话题达到拒绝目的

转移话题就是用巧妙的语言将话题的锋芒转换到其他方面，从而使自己摆脱窘境，掌握沟通的主动权。正如人不会十全十美一样，再聪慧的人，也会遇到难以回答的问题，但是很多时候我们不能直接拒绝对方，那么，要怎样做才能摆脱谈话的僵局呢？此时，最好的办法是巧转话题，“顾左右而言他”。这样既不会因为拒绝他人而得罪人，也会保住自己的面子，可以说是一种非常实用的方法。

有一次，永进去参加朋友聚会，刚到房间门口就听到大家天南海北地聊着，气氛十分活跃。进去之后，不知谁起哄说：“我们班里的‘腼腆姑娘’永进新交了个女友，大家快问问他是何方美女。”这一下可挑起了大家的兴趣。大家纷纷拿永进打趣。问他和那位姑娘是怎么认识的啊，是不是他追别人的时候特别主动，表白的时候紧不紧张啊……永进性格十分腼腆，自然不愿当大家的面提起这些事。可是大家一时兴起，哪顾得了那么多，你一句、我一句的，弄得永进招架不住了。他心想必须把话题岔开，因为自己实在是不好意思详细叙述。

这时永进突然站起来说道：“我的经历真的是太普通了，实在没什么好说的，你们不要光问我嘛，陈刚不也交了新女友吗，你们也问问他啊，我可是听说我们班里的大才子谈了一场轰轰烈烈的恋爱啊！”

大家一听是陈刚，更来劲了，因为一直以来陈刚做事都比较前卫大胆。于是大家又把矛头对准陈刚，准备调笑他一番。一个朋友问道：“你们是怎么认识的啊？”

陈刚看到他的好哥们儿永进故意把话题推给了自己，就给永进使了个眼色，意思是“看我过后不收拾你”，永进憨厚地回笑了一下。陈刚大方地说：“哦，是通过一个朋友认识的。一提到我那个朋友，我真的是佩服得五体投地，他才是一个真正经得起磨炼的人呢！他原来在农村的时候吃了很多苦，后来自己发奋开了家公司，现在营业额有几百万了。生意是越来越好。”

“这么厉害！”朋友们都好奇起来，想知道陈刚的朋友是怎么创业的。

于是陈刚说起了他朋友的故事，大家都仔细认真地听着，自然没人想起要对陈刚进行一番狂轰滥炸的事。

每个人无论在怎样的环境中生活，都会碰到各种各样的难题，不去回答就显得不礼貌，可是直接回答的话又会感到有些尴尬，这时候真的是需要妥善处理。我们的体验是：不轻松的问题可以用轻松的方式来解决。巧妙地转移话题，就是一种轻松的方式。

那么，我们该如何转移话题呢？

1.弄清对方的意图

在转移话题前先要探清楚对方的真实意图与心理，未闻其言而尽知其意，只有清楚了对方的心思，才能明了在哪些节点上去转移话题。

2.自然而然地转移

使用转移话题法时，沟通技巧和方法要自然，既不要纠缠于双方争执的问题，也不宜不着边际，离题万里。而应该围绕着预定的沟通目标，由彼及此，由远而近，渐入佳境。

3.请君入瓮

所谓“请君入瓮”，是根据对方的看法和观点，设置一个问题，引导对方自相矛盾，最后再用他自己的话否定他自己的观点，从而达到拒绝对方问题、转移注意力的目的。

4.学会“先声夺人”

想要转移话题，你还可以“先声夺人”。在别人的话题还没有完全展开之前，你便把自己想说的话题插进去，让对方跟着你的思路走。这样的做法可以充分展示你的主动权，让你时刻对话题都有控制力。

5.新话题吸引力要大

用以转移话题的新话题，在自身的新奇性和对方需求性方面，都要大大地超过原来的话题，才能收到良好的效果。新话题刺激强度越大，使人们对对原来话题的注意淡化越快，岔题越容易成功。

转移话题的时候要注意的问题还有许多。你不能转移得太生硬、太直接，不然别人会误以为你这个人不好相处，太自我，转移话题时一定要注意保持其自然性。要在别人不知不觉中就把话题给转换了，这样你才能就着自己擅长的话题好好地表现自己的口才。

拒绝他人要遵循原则

智者曾说“拒绝是门学问”，这话一点也不夸张，毕竟，谁也不愿意遭到别人的拒绝。然而很多情况下，拒绝其实是对对方的一种尊重，是为事情找到更好解决办法的途径，但即使如此，我们仍需谨慎对待，要遵循一定的原则去拒绝，将拒绝给对方带来的不快和困扰降到最低。

家住北京的李先生本来计划周末开车去河北办事，因为途中经过天津，所以他的一个朋友托他帮忙，将本地特产——北京烤鸭带到天津的亲戚家中。其实这本是一件小事，不过令李先生苦恼的是：虽然路过天津，但走的路线是外围的高速，并不进入市区，更何况他对天津市区的路线并不熟悉，所以他想拒绝。但好友一再请求，他也觉得这一件小事都要拒绝的话，实在是说不过去，于是没想太多便一口答应下来。

到了天津后，李先生实在不熟悉当地道路，在市中心绕了大半天才终于把特产交给对方。遗憾的是，由于在车里闷得太久，烤鸭已经变质，弄得对方心里很不愉快。更郁闷的是，因为在路上耽搁太久，当他赶到河北时，和李先生约好的人因为有事已经坐上了去外地的飞机，不得已，李先生只好在河北多待了几天才把事情办完。

李先生觉得很委屈，自己本来是好心帮忙，结果却两边不讨好。其实，在他接受朋友的请求时就已经注定了这样的结果，因为这个忙实在不适合去帮。李先生这种“事与愿违”的经历，在我们的工作生活中很常见，如果我们要避免类似的情况发生，最简单的方法就是对别人说“不”。

雅文接到一个很重要的项目，但要完成这个项目，必须有一个懂得成本核算的人员协助。雅文想到了跟自己交情不错的同事小影，于是便邀请她加入自己的项目。不巧的是，小影目前已经接了好几个项目，其中还有一个催得比较紧，因此对雅文的项目实在是爱莫能助。为了不让雅文感到不满，她认为自己需要恭维她一番：“你这么有能力，这点事肯定难不倒你，我就不用出马了吧，而且我手上的工作还很多，实在没有精力，我相信凭你自己一定能完成。”

虽然小影是在夸奖雅文，同时表达自己的拒绝，但雅文听完一点都不高兴，反而心想：我有什么能力？你明明知道我不会成本核算才来求你的，你是在讽刺我吗？

案例中的小影本想利用赞美缓解对方遭到拒绝的不满情绪，却使用不当，让对方觉得是在花言巧语，反而令事情更糟。与其给人造成花言巧语的错觉，倒不如大大方方地表示歉意，开诚布公地说明原因，效果可能会更好一些。

如果小影实在无法帮助雅文，不妨这样回答："雅文，真的很感谢你邀请我加入，不过最近我手上的工作任务很重，许多资料要核算，有点儿忙不过来。所以很抱歉，我目前恐怕无法加入。"

正确地对别人说"不"，是个难度颇高的口才技巧，我们要寻找时机，并巧妙地拒绝对方，才能维护自己辛苦建立起来的人际关系，并保证自己有足够的时间、精力去完成自己的计划。在这之前，我们需要了解拒绝的几个原则，这会使拒绝的话变得更容易让人接受。

1.给你的拒绝找一个理由

实际上，拒绝是一种变相的辩论，别人会想方设法说服你接受他的请求，而我们要做的就是找出各种理由去拒绝。若要让对方心服口服地接受拒绝，我们要秉持的第一个原则就是说出一个值得信服的理由。当然，即使没有理由我们也可以拒绝别人，只是这样会让对方感到非常不满，这对维护我们的人际关系不是一个好做法。

2.拒绝的态度要大方、明确

如果你说："我认为这个问题有些难度。"对方会误以为你已经答应帮助他。这种模棱两可的回答很容易造成误解，与其让对方抱着不切实际的幻想空等，不如在最初便狠心拒绝，直接说"这件事我帮不上忙"或许会帮助他找到更好的解决方法。

3.不要过多解释你的拒绝

有的人在拒绝别人后，由于良心不安总是为自己的拒绝找一大堆冠冕堂皇的理由，这种画蛇添足的行为反而让对方觉得你是在借故推托。其实大可不必，你可以积极帮助对方想解决办法，或者直截了当地告诉对方自己的难处，适当表示歉意即可。

虽然拒绝是为了维护我们自己的权益，但我们也要尽量照顾到对方的感受，尽量降低"拒绝"带给对方的伤害。例如，适当地利用幽默感来缓和气氛，让对方在大笑中接受拒绝。

温柔拒绝让情谊更长久

原本拒绝就是很难让人接受的事情，倘若拒绝他人的人还声色俱厉，义正词严、毫不客气，则这样的拒绝更会使人陷入难堪的尴尬之中，根本无法平心静气地接受。所谓有理不在声高，其实我们在拒绝他人时完全没有必要提高嗓门，更无须言辞犀利、苛刻。得饶人处且饶人，与其在拒绝他人时得罪他人，我们不如以温柔平和的语气拒绝他人，这样反而能够保全彼此颜面，也使得彼此的情分延续下去。

文文到了谈婚论嫁的年纪，前前后后也处了几个男朋友，但是几段感情都无疾而终了。妈妈不由得心急如焚，四处托亲戚找朋友为文文介绍对象，对此，文文非常抵触。

这不，到了周末，文文才回到家里，妈妈就说："文文，你大姨医院有个年轻的医生，32岁了还没结婚，又和女朋友分手了，我觉得与你正合适呢！怎么样，明天见见吧？"文文懊恼地说："妈妈，结婚是我自己的事情，恋爱也是我自己的事情，你能不能不要跟着瞎操心啦！"妈妈一听就火冒三丈，喊道："哦，你现在翅膀大了有主见了，那你倒是带个男朋友回来给我看看呀！我不管，你今年春节必须结婚！"文文更加着急了："妈妈，您脑子没糊涂吧，现在已经5月份了，你居然让我春节结婚，难道我是萝卜白菜待价而沽吗？"妈妈也恼火地说："你看看咱们楼上楼下，人家不管是比你大的还是比你小的，孩子都能打酱油啦，你却还赖在家里！""好，你说我赖在家里，那我以后就不回家了！要不是为了回来看看你和爸爸，我才懒得回来听你唠叨啰唆呢！"就这样，娘俩不欢而散。

在吵吵闹闹之中，新年的钟声又敲响了，文文又大了一岁。年夜饭上，妈妈又开始唠叨，小文原本想要发火，转念又一想：大过年的，不能惹妈妈生气，我还是学乖点儿吧！想到这里，文文说："妈妈，你看，你这一辈子和爸爸恩爱到白头，从未红过脸、吵过架，你总不希望女儿的婚姻遭受挫折吧。我是这么想的，我呢也不算很大的年纪，我只想找到一个能与你和爸爸一样白头偕老的人，再牵手结婚。总而言之你放心吧，你的女儿这么优秀，还怕嫁不出去吗？只是我的真命天子还没出现而已，也许明年这个时候你都已经有女婿了呢，对不对？"听着文文的温言细语，妈妈不由得感怀起来，眼眶都红了，说："孩子，我还不是为了你好，你可别嫌弃妈妈烦啊！"

在这个案例中，每当听到妈妈逼着自己找对象，文文的气就不打一处来，也因此与妈妈产生了很多次纷争。实际上，倘若文文能够好言好语地劝说妈妈，妈妈也就能够理解她，也意识到她并非不想找男朋友，只是还没有遇到合适的。婚姻大事关系到一辈子的幸福，妈妈当然也知道着急不来，仓促不来，必须有足够的耐心等待，才能在对的时间遇到那个对的人。

在这个世界上，最疼爱女儿的莫过于妈妈。因而当文文理解妈妈的苦心，对妈妈好言相劝时，妈妈也就能够理解文文的苦衷，再也不火急火燎地催着文文结婚了。心理学家经过研究证实，人与人之间的情绪是会传染的，尤其是当交谈双方有一方的情绪歇斯底里时，另一方就算本来心平气和，也难免会马上受到感染，变得心浮气躁。由此可见，良好交流的基础就是保持平和愉悦的情绪，这样才能心平气和地进行交流，使得交流变得更加和谐融洽。

欲抑先扬，更让他人舒服

人与人之间的交流，有时候是信息的传递，有时候是观点的交换，有时候则是争执和讨论。争执，是因为观点不同。毫无疑问，每个人都想让别人接受自己的观点，似乎只有这样，才能证明自己是对的，才能战胜他人。这是人的好胜心理在作怪。那么，我们如何才能让他人放弃自己的观点，接受我们的观点呢？生硬地批判对方是错的，而自诩正确，往往很难让人接受，甚至会招致对方的反感，让对方不知道如何继续与你交流下去。

很多直脾气的年轻人都会直接否定他人，殊不知，这恰恰是不顾及他人面子的表现，很容易使你失去一个朋友。有的时候，对方为了维护自己的尊严，甚至会与你据理力争，致使彼此都下不来台，甚而伤了和气。《圣经》里耶稣说的一句话在西方社会尽人皆知，即赶紧赞同反对你的人。这其实是在告诉我们，只有先尊重和认可对方，然后才能以退为进，再把我们的观点适时地传达给对方。大凡在社交之中如鱼得水的人都很清楚，在意见不统一时，最怕针锋相对。退一步海阔天空是有道理的，只有你先接受对方，对方才能以回报的心理也尝试着接受你。如此一来，原本剑拔弩张的谈话氛围，岂不就变得融洽起来了！

作为一名跑步机销售员，小张的销售业绩总是处于低迷状态。对此，他很苦恼。这一天，单位里组织销售技能通关，小张很高兴，因为他想借此机会看看自己到底哪里做得不好。

同事们依次进入会议室找销售总监通关，一个多小时之后，才轮到小张。小张走进会议室，看到总监正在一台事先摆放好的样机前徘徊。他走上前去，问：“您好，女士，请问您需要这台跑步机吗？”总监扭头看了小张一眼，说：“跑步机的确不错，但是价格太贵了。而且，随便哪里都可以跑步啊，为什么非要花这么昂贵的价钱买跑步机呢？”听了总监的话，小张脱口而出：“你这种观念可不对。要是大家都按照你这种想法，我们那么多跑步机都卖给谁呢？”小张话一出口，看到总监脸色陡变。接下来的交谈变得很不顺利，原本和颜悦色的总监似乎看小张哪里都不顺眼，总是和小张拧着说话。小张的通关成绩自然不理想。

事后，总监在当着所有同事的面点评时，特意把小张的通关作为反面教材讲了一遍。总监语重心长地告诉大家："小张的专业知识都没有问题，现在可算找到自己销售业绩不好的原因了吧。你张嘴就说顾客说的是错的，否定顾客，客户还怎么会从你这里购买跑步机呢？即使他真的需要一台跑步机，只怕也会换个销售再买。对于客户否定跑步机的功能，艾薇你怎么应答？"艾薇是公司的销售冠军，只见她心平静气地说："女士，您说得很对。其实，在咱们上下班的路上，周末休息去公园遛弯儿的时候，都可以跑步。要是每天都能找到合适的时机进行户外锻炼，真是没有必要买跑步机，毕竟户外锻炼还能晒太阳补钙呢！不过，我不知道您的工作性质是怎样的，每天能否按时下班，我现在每天都要晚上9点才能下班，而且要倒公交和地铁，10点才到家。半夜三更的，在外面跑步肯定不现实，也不安全。跑步机的优势就在于，只要我们在家里，随时随地都可以使用，也不受刮风下雨的影响，是非常方便的。"艾薇说完后，同事们都给予她热烈的掌声。

案例中的小张直接否定客户，指责客户说的是错的，因而失去了客户的信任和好感，推销进展得很不顺利。和小张愣头愣脑的回答相比，艾薇的回答则显得非常聪明。她不卑不亢，既肯定了客户的意见，也说明了自己的观点，而且非常符合客观的实际情况，如此一来，客户当然心服口服。

在生活中，不管是面对客户，还是面对亲戚朋友，抑或是陌生人，要想友好地交流，就必须努力地提升自己说话的水平。尤其是在意见不一致时，千万不要一时冲动地和别人针锋相对，而一定要首先认可和尊重别人，然后再循序渐进地表明自己的观点。

没有人愿意被他人否定，被人否定，不但会挫伤我们的自信心，也会使我们觉得丢了面子。因而，在任何形式的交谈中，都不要直截了当地否定对方。正确的做法是，先认同对方的观点，给足对方面子，让对方能够敞开心扉接纳你。然后再婉转地表明自己的观点，表达自己的意见，这么做才更容易让人接受。

第 07 章

寻求助力：真心实意让你更受青睐

真诚沟通，才能获得主动帮助

宁宁和小珍是两个好朋友，两个人一起长大，按照她们的话说就是，她们两个人虽不是一个爸妈，但是比亲姐妹还要亲。

宁宁在一家外贸公司工作，在公司里不怎么受器重，因此宁宁打算辞职，自己开拓事业。但是，想要创办自己的事业，单枪匹马肯定是不行的。于是她想让小珍来帮助自己。小珍虽说薪水不高，但是很稳定，而且现在成了家。创业意味着要冒很大的风险，似乎这对她来说并不是个好的选择。

但是，小珍很仗义，爽快地答应了宁宁的请求。于是二人风风火火地开始准备。等到万事俱备的时候，小珍却迟迟没有辞职。这下可急坏了宁宁。她明白，要是没有小珍的帮忙，这个生意是绝对做不成的。

于是她找到了小珍，小珍一直低头不说话，宁宁似乎明白了什么。但是她不想放弃，于是说："小珍，你是不是有什么难言之隐啊？"

小珍抬起头，望着宁宁说："我老公不同意我辞职，他说我要是辞职的话，一切后果自己承担。我也是没有办法啊！”

宁宁沉默了几分钟说：“你现在就这么上班，啥时候是个头啊，你挣的那点工资也只能解决温饱。要是现在咱们不努力，靠男人也不是个事啊！看别人家的孩子穿得好、玩得好，咱们就能忍心让自己的孩子受苦啊？不愿意，咱们就得努力啊！现在年轻，还能闯一闯，再过个三五年，就是想动也动不起来了，一辈子就这么过去了。”

小珍陷入沉思，几分钟之后，她撇了撇嘴，说：“宁宁，我跟你干了，是好是坏，咱们拼一把。要是干好了，咱们就能过上好日子，要是干不好，就算我倒霉了。”

宁宁拍拍小珍的肩膀说：“不要那么悲观，咱们不是还有一半的胜算吗？”说完，两人哈哈大笑了起来。

不久之后，宁宁和小珍的生意做了起来。

想要说服对方，就要有诚意，坦诚表明你的立场和想法，让对方看到你的真心，否则再多的花言巧语也于事无补。那么，在沟通劝说的过程中，如何把话说得真诚一些、让人赏心悦耳呢？

1.主动登门拜访

你应该主动到对方那里去拜访，而不应被动地等待或颐指气使、发号施令让别人到你这里来。如果你打算约对方出去谈事，那么约见时，你要先于对方到达，并要等对方，不要让别人等你。

2.要有耐心，好事多磨

如果对方没时间，就要耐心等待对方，但也要适当地学一点“软磨硬泡”的方法。当然，办事中的“磨”，并不是要无赖，而是一种礼貌的等待。在“磨”的过程中，不要让对方感觉你是在故意找麻烦，故意影响他的工作，而且“磨”时也要通情达理，尽量减少对他人的干扰，这样，办事才能“磨”成功。

3.不要过多谈论要办的事

在办事过程中，你不要过多地谈论要办的事情，只需要不间断地接近对方，使彼此的关系变得亲密，让对方多了解你、同情你，被你的诚心所打动，从而产生帮助你的愿望。这样，你才能顺势掌控局面，达到办事成功的目的。

4.表达谢意与歉意

真诚求助，你就要随时传达出你对对方的感激与歉意，毕竟因为帮助你，对方需要耗费精力和时间。你的谢意和歉意表达得越真诚，对方越不好意思回绝你，因为他看到了你诚恳和急切的心情。如果有机会，你还要主动给予对方帮助，以示报答。投桃报李、礼尚往来是交际的一个原则，求方应牢牢记住助方给予自己的帮助，做到“受恩莫忘”。滴水之恩，当以涌泉相报，这是交际中品德高尚的人所应遵循的准则。

有句话说得好，“心诚则灵。”这里不是指求神拜佛，而是指求人办事之时，首先要表现自己的诚心，才能真正打动对方，获得对方的认可和首肯，从而达到自己的目的。无论何时何地，你只有诚心求人，别人才会愿意帮助你。

要取之，必先与之

我们深知，有求于人时，你得具备一套过硬的嘴上功夫。“打鼓打在点子上”，这是人们经常提到的一句话。不仅打鼓如此，说话亦如此。求人帮助，只要懂得说话的技巧，即使是天大的难事，都不会令你望而却步。

那么，我们该怎样打动对方呢？

1.说话饱含感情

“真是久仰大名”“一日不见如隔三秋”之类没有感情色彩的话语，如同一束没有生命力的塑料花，它虽然美丽但缺少活力，不鲜活动人，没有魅力。

2.表达真诚

一个说话真诚的人，更容易让人相信、亲近。试想，那些冠冕堂皇、虚情假意的话怎么能让人产生亲近感？因此，即使对话双方身份不同、处境各异，只要说的是坦率的、真诚的、发自肺腑的话，往往都能起到感动人心的作用。

3.站在对方角度说话

如果与人对话时多从沟通的角度出发，多一点将心比心的理解，多说一点善解人意的话，那么，语言表达就容易引起对方的共鸣，一种独特的亲和力也就寄寓其中了。例如，当对方正遭受某种不幸时，你应感情真挚地表达自己的理解，你可以说："你的心情我能理解……"而假如你漠不关心的话，对方是不会答应你的请求的。

当然，打动对方的说话方式和要求还有很多，需要我们留心发现。

在求助别人的时候，真诚的语言往往能打动别人的心，至少能让别人感觉到你是真的需要帮助的。这样，他人才会伸出援手，否则就会让对方觉得不应干涉你的私事。在这个过程中，你的真诚代表的是你的态度、你的请求。

用"软话"唤起对方保护

同情弱者、保护弱者是人尤其是强大的人的天性，想要把强大的对手说服，获得对方的帮助，不妨争取对方的同情，激起对方的保护欲，这样就可以以弱胜强，以情乞怜，获得帮助。所有的女性在男人眼中都有柔弱、脆弱的一面，关键时刻，女性朋友不妨展示自己的柔弱来博取对方的帮助。

那么，怎样用女人特有的“柔弱”求助呢?

1.示之以强，而求之以弱

同情弱者是人的天性，想要获得他人的帮助，如果没有其他办法，不妨试试“示弱”。“软话求人”，首先要学会低头。平时越是强势、倔强的人，在关键时刻“服软”，往往越能引起人们的怜悯和同情；轻易不会开口求助的人，“软语相求”更容易打动人。这招不能轻易用，若平时就喜欢没脸赖皮地求人，到了关键时刻，这招也没用。记住，善于妥协示弱的女人很宝贵，惯于妥协示弱的女人很廉价。

2.以泪赚怜

女人的眼泪是最有效的武器，当女人有苦衷或者暂时遭遇麻烦的时候，泪水可以迅速引起对方的重视，以最快速度软化对方的心，迅速求得帮助。人们往往不会在外人面前流泪，所以泪水可以使彼此在感情上靠近，产生共鸣，让对方认为你把他当作可以亲近、软弱时可以依偎可以求助的人，对方自然更愿意帮你。再者，在别人面前流泪了，你一定遇到了很急的事情，很多时候眼泪是难以伪装的，对方更容易信任你。另外，女人的眼泪往往能使被求助者获得一种心理上的满足，从而更愿意帮你。

3.以情乞悯

在大萧条时期，一个落魄的男人走进了某家首饰店，本来想要找份工作，但经过一番交谈，经理表明首饰店不再需要员工。这时，一个女服务生不小心打翻了珍珠盒子，珍珠滚落了一地，她捡起后数了数，发现少了一颗，而那个男人刚好站在她的柜台前。女孩觉得珍珠一定被这个男人藏起来了，可苦于没有证据，不好发难。于是，这个聪慧的女孩略委屈地轻轻问了一句："先生，现在工作很难找，是吗？"男人狼狈地红了脸，捡起踩在脚下的珍珠还给了那个女孩子。

现实生活中，我们常常会遇到各种事情，在不得已求助的时候，不妨做个"可怜"人，这会促使对方站在你的角度想一想，从而"心有所感"，为你提供帮助。例如，"我想您知道，像我这种境遇有多无奈。"谁都可能遭遇过类似境遇，也就有可能产生"感同身受"的同情，这样的求助更容易打动对方，所以更高明。

让对方明白自己的利用价值

心理学家霍斯曼认为人与人之间的交往本质上就是一种社会交换。而这种交换跟市场上的商品交换所遵循的那些交换原则是一样的，也就是说，人们都希望在交往中，自己所得到的多于自己所付出的，但通常付出的与得到的只有对等，这种关系才能维持下去。让对方明白自己的利用价值，对方为了自己也会更愿意帮助你。

卡耐基曾借助某旅馆举办培训班，后来旅馆经理要求增加300%的租金，卡耐基找到这位经理说："我接到你们的通知时，有点震惊。假如你坚持要增加租金，那么让我们来合计一下，这样对你有利还是不利。如果你把我撵跑了，我势必再找别的地方举办训练班。这个训练班将吸引成千上万的有文化、受过教育的中上层管理来听课，对房主来说，这难道不是起了不花钱的活广告作用了吗？事实上，假如你花5000元钱在报纸上登广告，你是不可能邀请到这么多人亲自来你的旅馆参观的，可我的训练班给你邀请来了，这难道不合算吗？请仔细考虑后再答复我。"

结果，卡耐基第二天就接到旅馆经理的回复，房租只涨50%。

那么，怎样让别人意识到你的利用价值呢？

1.分析共同面临的局势

当你求助于他人时，如果能够分析清楚共同面临的局面，你在此种局面中能够帮助对方得到的好处，让对方看到你的"潜在价值"，他会更愿意帮助你，尤其在多方合作与竞争的情况下更是如此。

2.让对方看到你的“潜力”

刚刚进入职场的年轻人想要获得“老将”的帮助，不妨展现出自己独特的才能或者一技之长，或者广阔的人脉、雄厚的资源，或可能帮对方一起对抗竞争对手的意愿。让对方意识到，即使没有他的帮助，你迟早也会被赏识、被接受，对方帮你是“顺水人情”，他当然会帮你。总之，一个人很难赤手空拳地求得别人相助，必有所持，才能被别人重视，才能让别人心甘情愿帮助你，被动等别人的同情、施舍，只是下下策。

3.向对方展示你的“实力”

公司向银行借贷，往往要出示自己往年的业绩、利润，以保证自己有偿贷能力，一个人想要获得别人的帮助，展现自己的实力也是不可缺少的一种方法。告诉对方，你有独立做好的实力，只是暂时不凑手。很多人都更愿意帮助暂时遇到困难的但很强大的人，因为这预示着他有可能从此搭上更强大的列车，获得更多实惠。以强者的姿态求助往往能获得更心甘情愿的帮助，所以寻求帮助时不要忘了展示自己的实力。

求人帮助，奢望对方的同情就落了下风，因为你把主动权寄托于别人的情感，自己就被动了。再者，无利的事，对方也不一定甘愿相帮。想要让别人主动相帮，不妨亮出自己的“优势”和“利用价值”让对方看到因为帮助你可能得到的好处，而这种好处并不只有他一个人想得到，对方才会更加心甘情愿地帮你，这种把主动权掌握在自己手里的做法才是真正高明的。

互惠互利，让他人主动付出

有的人在求人办事时会抱着“有事有人，无事无人”的态度，他们把他人的帮助看作理所当然的行为，当自己的诉求得到了回应、把自己的事情办好之后就不再理睬对方了。有着这样心态的人大多数都会被人抛弃，当他再次需要帮助的时候，相信是没有人给予帮助的。其实，在日常交际中，人与人之间的交往是建立在互惠互利的基础之上的，没有互惠互利，就没有互信互助。鉴于人们这样的心理，对方在面对你的诉求的时候，其实很想知道你是否有一定的“利用价值”，换句话说，对方的帮助会不会换来一点回报。因此，在求人办事的过程中，如果你的言语中透露出了自己的“利用价值”，大多数情况下，对方都会乐意帮助你的。所以，作为提出诉求的一方，我们应该尽量展现自己的“利用价值”，以此获得他人的帮助。

三国时期，邓芝受命出使东吴。他到了东吴，孙权怀疑他此行的目的，因此不肯接见。过了两天，邓芝给孙权写了一封书信。孙权一看，只见书上写道：“臣今到此，非但为蜀，并且为吴。若大王不愿见臣，臣就走了。”孙权犹豫不定，一些大臣也都想刁难一下邓芝。后来，孙权采纳了张昭“先给邓芝个下马威”的意见，在殿前放一个沸腾的油鼎，命武士各执兵器，站立在两侧，召邓芝入见。

邓芝听孙权召见他，便从馆舍出来，毫无惧色，昂首走入大殿。邓芝进入殿内，就对孙权说：“我特为吴国利害而来，大王却设兵置鼎，以拒一儒生，可见大王度量太小。”孙权听后，觉得很惶愧，忙令人赐坐。邓芝问道：“大王欲与魏和呢？还是与蜀和呢？”孙权说：“孤非不欲和蜀，但恐蜀主年幼国小，不足敌魏。”邓芝侃侃道：“大王为当世英雄，诸葛亮亦一代豪杰。蜀有山险关隘，吴有三江，若互为唇齿，进可兼并天下，退可鼎足峙立。如大王甘心事魏，魏必然会征大王入朝，索王子做质子，一不从命，便起大兵讨伐，那时蜀国再顺江东下，臣恐大王两面受敌，江东之地不能复有了，请大王熟思!”为赢得孙权的信任，表示自己的诚意，邓芝又说：“若大王以为愚言是不可取的谎言，吾愿立即死在大王面前，以杜绝说客之名。”说着，撩起衣服，佯装作向油鼎跳去。孙权忙令人将邓芝拦住，请入后殿，以上宾之礼相待。

在整个谈判中，邓芝言语中透露出蜀国因地势险要而有一定的“利用价值”：“诸葛亮亦一代豪杰，蜀有山险关隘，吴有三江，若互为唇齿，进可兼并天下，退可鼎足峙立。如大王甘心事魏，魏必然会征大王入朝，索王子做质子，一不从命，便起大兵讨伐，那时蜀国再顺江东下，臣恐大王两面受敌，江东之地不能复有了，请大王熟思！”最终邓芝凭着敏捷的思维和伶俐的口齿，说服了孙权。

1.给对方一点好处

当你求人办事的时候，不妨给对方一点好处，这样对方也会从中获得一些恩惠。例如，“你过来我包你车费，还管你食宿，咋样”“只要你给我把这件事办好了，我就送你最喜欢的包包”“前天我妈妈才从老家带来了一些特产，你过来拿点过去吧。”

2.表明自己的回报之心

在寻求帮助的时候，最好能让对方觉得当他以后有困难的时候，你也一定不会袖手旁观，这样一种互惠互利的“承诺”，会让对方觉得你还是有“利用价值”的。当然，作出的承诺就要做到，否则有可能会失去这个朋友。

第08章

窘境冷场：巧用妙招让尴尬不解自破

交谈中要善于寻找话题

在与人交谈的过程中，如果没话说了，便很容易冷场。怎么办？寻找适合的话题。在办事过程中，为了增进彼此感情，加深认识，更为了能办成事，我们谈话时要善于寻找话题。有人说："交谈中要学会没话找话的本领。"所谓"找话"就是"找话题"。好话题，是初步交谈的媒介、深入细谈的基础和纵情畅谈的开端。

赵海龙刚进一家公司不久，同事间尚不熟悉，与领导更是连面都很少见。

那天上班，赵海龙正好和老总一起搭乘电梯。老总打过招呼之后，赵海龙对老总说："王总，我听说，公司刚成立时很艰辛，只有一桌一椅，还有和您一起打拼的刘总，这是真的吗？"

"确实是这样的，当年的条件跟现在可是没法比的，生活非常困难，但是那个时候也是有胆识就能拼事业的年代。想当年……"没想到一句话打开了王总的话匣子，王总自豪地谈了自己早年创业的经历。甚至离开电梯的时候，王总还是意犹未尽。

"王总，您的创业史真的是非常让人敬佩，很励志也很令人感动，希望以后有机会能够听您继续说说您的故事，感觉很受教。”

“哈哈，好，年轻人，你在哪个部门？叫什么名字？”

“赵海龙。我在策划部。”

“那好，我知道了，去上班吧。”

“好的，王总您快忙，有时间我去请教您。”

自那以后，王总记住了赵海龙这个名字。

后来，赵海龙发现王总明显照顾自己，很多时候王总出去办事的时候都带着赵海龙，因为他的口才非常出众，总是能博得王总的喜欢。

假如你遇到类似的情况，你会怎么办呢？是巧妙地去“没话找话”与对方攀谈，是打个招呼就沉默无语，还是低头玩手机当作看不见呢？若是在电梯里，你不说话，或者你无视领导的存在而自顾自地玩手机看文件，领导只会觉得你对他不敬重。“没话找话”是一种沟通能力，能够让你迅速拉近彼此的距离，如果你在沟通中不懂得适时地制造话题，那场面将会非常尴尬。所以说，为了活跃气氛，也为了获取好的人缘，我们就不得不没话找话，不管认不认识，都要说得得体、有趣，让所有人都舒服。

那么，关于“没话找话”我们要学会哪几点呢？

1.中心开花

面对众多的陌生人，要选择众人关心的事件为话题，把话题对准大家的兴奋中心。这类话题是大家想谈、爱谈又能谈的，人人有话，自然能说个不停了，如此，便能引起许多人的议论和发言，从而令“语花”飞溅。

2.选择双方都感兴趣的话题

怎样的话题才能引起对方的兴趣呢？一般来说，具有相似性的话题更容易为双方共同接受。例如：地域相似性话题、经历相似性话题、爱好相似性话题、职业相似性话题等。只有在你们的谈论中找到更多的共同语言，才能不断扩大你们之间选择话题的范围，使交谈更加顺畅、深入。如对方喜欢下象棋，便可以此为话题，谈下棋的情趣，车、马、炮的运用等。如你对下棋略通一二，那肯定谈得投机；如你对下棋不太了解，那也正是个学习机会，可静心倾听，适时提问，借此大开眼界。

3.要懂得适时切入

如果场面遇冷，我们要学会适时地切入话题，看准形势，不放过应当说话的机会，在谈话中要适时插入适当的话语，这样可以让别人更深入更清晰地明白你，知道是你的存在化解了不必要的尴尬，从而打心底赞叹你的口才和看事态的能力。

4.以提问的方式不断拓展话题

向河水中投块石子，探明水的深浅再前进，就能有把握地过河；与陌生人交谈，先提一些“投石”式的问题，在略有了解后再有目的地交谈，便能谈得更为自如。如“老兄在哪儿发财”“您的孩子多大了”等。

熟人之间，我们就没必要考虑得太多。倘若对方又爱开玩笑又不拘一格，那我们可以开门见山地谈论各种话题，但是话题的中心最好不要围绕个人，而应尽量让大家参与其中。让对方多说话，对方才有被重视的感觉，从而乐谈善谈。

自我调侃，化解尴尬

朋友们，如果你遇到非常尴尬的场面，除了幽默，你还知道其他方法吗?

1.学会自我调侃

在公共场合或大庭广众之下，若一不留心地说错一句话或做错一件事，难免会出现令人尴尬的场面。这时，闯了祸的你肯定会有些局促、紧张、惶恐。不过，你大可不必掩饰自己的过失，更用不着转移目标，不妨放松心情调侃自己一番，通过对自己的善意攻击来消除对方的敌意，转移对方关注的焦点。这样做的好处是，能够不露痕迹地照顾到对方的自尊心，同时巧妙地使紧张的气氛得以缓和。

2.适当借题发挥

既然问题已经摆在了眼前，那就坦然面对吧。在简单的致歉之后立即转移话题，有意借着错处加以生发，以幽默风趣、机智灵活的话语改变场上的气氛，使听者随之进入“新”的情境中去。

3.待人真诚，避免自挖陷阱

沟通交流中的尴尬，有些是因自身缺乏修养、待人虚伪所引起的。例如，有的人说话不雅、唾沫四溅，一旦影响他人且被双方所知觉，就会使双方感到尴尬。其实，这些场面是可以避免的。

4.抓住时机，巧妙转移话题

当遇到较为敏感或不便回答的问题时，可以通过一个富有启发性的问题，或借助对方的某一句话，自然而然地转换到另一个话题上来，回避对方的问题。转移话题的时候要抓住时机，转移的话题也要有吸引力，这样对方才会被快速地导向新的关注点，尴尬的氛围也能快速消除。

化解尴尬，幽默是一种极为有效的方法，它能迅速将现场的气氛搞活，不仅远离了尴尬，还能带动大家寻找新的乐趣。幽默是搞好人际关系的重要手段，不是所有人都具有的，幽默和个人的性格以及知识积累有关，要让自己能够在需要时幽默起来，平时就要多观察生活中的细枝末节并多积累他人的幽默。

借题发挥，有理有据

有人老是抱怨自己不能被别人理解，常常因为一句话而被别人责怪，其实这也是一种不会说话的表现。在与别人的辩论之中，我们常常会被别人抓住话柄，借以攻击，令自己陷入尴尬的局面。这就需要我们在与别人的辩论之中，善于借机发挥，以此来打破僵局、化解自己的危机。借题，要借得巧妙，发挥，要发挥得有理有据，才能使自己在与别人的激辩中游刃有余。那么，在辩论中我们如何娴熟地运用好这种方法呢？

1.巧以无理对无理

“以谬制谬、以毒攻毒”，我们在与别人激辩的时候，有时可以以无理对无理的方式来打破自己所遭遇的僵局。以无理对无理并不是要我们去破口大骂，那样，会被别人视为是没有礼貌的和没有教养的，会被人瞧不起，反而会产生负面影响。我们的目的是打破自己所遭遇的尴尬局面。面对别人的诘难，我们常常会很气愤，但我们不能将自己的情绪表现出来，相反，我们可以巧妙地找到一个突破点，用反诘的口吻来表达自己的情绪。或者说是用自嘲的方法来使得对方自讨没趣。那样，我们的目的也就达到了。

2.善于观察

善于观察，洞察对方的荒谬论点，看其论点是否真实，其论据是否能支持论点，推理过程是否符合逻辑，从中找出对方的漏洞，也就是善于揪住对方的小辫子，并把对方的荒谬论点夸大，使其暴露得更为明显，甚至可说是吹毛求疵，找到对方语言之中的矛盾来攻击，以达到反驳的目的。这就需要我们在与别人辩论时要有敏锐的观察力，善于从我们自己所遭遇的境地中间找到这个“题”，再借以发挥，或者说是自己制造一种假象，顺着对方的思维将对方引诱至自己所设的“圈套”之中。善于观察，从不同的角度去观察问题，你就会发现有不同的解决方法，可以从不同的角度来打破僵局。善于转移话题，转移别人对你尴尬局面的关注，从这个角度说不圆的理由，从别的角度来阐述，或许就可以转移你的尴尬。

3.要有一点黑色幽默

一次，两个人辩论时，甲形容乙说的话像狗屎一样臭，世界上没有比这个更臭的了。这让乙非常尴尬难堪，顿时闹了个大红脸。但是马上乙不慌不忙地答道：“先生，你的这个观点我是不同意的，因为据我所知，比狗屎还要臭的是猪粪。”这下轮到甲脸红了，因为，众所周知，甲曾经当过猪倌。借题发挥时，我们也需要一点黑色幽默，这样的效果要比直接去讽刺对方好得多。因为在这样的黑色幽默之中，可以让对方自己去体味其中更深层次的意味，而让别人的注意力从你的身上转移到对方的身上。

打“圆场”也可化解唐突

在交际活动中，常常会有第三者说出一些让人感到惊讶或者气愤的话。他们怪异的言谈举止，让交际各方误会，导致了交际场合的尴尬。在这个时候，我们应该开动脑筋，用打圆场的方式制造轻松的气氛，或者用擦边球的形式来强调言语唐突者的合理性，让各方都能有一个台阶下，达到“你好我好大家好”的目的。这样，就会得到别人的感激和敬佩，获得良好的人际关系。

在一次同学聚会上，久别重逢的老同学十分高兴，亲热地聊起了天。或许是酒喝多的缘故，一名男士对着一名女士信口开河地说：“当初你追求我的时候，我拒绝了你，现在你是不是还耿耿于怀呀？”这本来是一句玩笑话，虽然有些过火，但在同学聚会的欢快气氛之中也是无伤大雅的。但是，这名女士可能是因为心情不好，听到之后竟然勃然作色，指着那名男士大骂：“你神经病啊！你也不撒泡尿看看你那副德行，哪个人会瞎了眼追求你这种长相谦虚、心理龌龊的人？”她的声音很大，压过了别人的谈话，顿时，热闹亲切的场景一下子冷了下来，大家都感到异常尴尬。这时候，另外一个女士站了起来，笑着说道：“多年不见，我们的公主还是脾气没变呀，她喜欢谁，就说谁是神经病，说得越是刺耳，就说明喜欢得越厉害，我说得没错吧？”这番话说完，大家就很自然地想起了美丽的大学生活，不由得七嘴八舌地相互开起玩笑来，刚才的不快就像没有发生一样，一场风波就在短短的几句话中得以平息。

无论是在什么场合下，没有一个人愿意被别人刺伤面子，从而下不了台。但是，很多尴尬的事情出现，往往是因为事先的难以预料，而且是由于外在的因素导致。在别人的面子受到伤害的时候，如果你能够采取正确的方法给他一个台阶，帮他挽回面子，就会让他对你感激不尽，从内心里愿意和你交往。

无论是在和别人聊天的时候，还是在大型的聚会场合，抑或在工作的时候，需要用灵活变通的手法打圆场的事情有很多，有时候我们要为自己的口误打圆场，有时候也要为朋友同事打圆场，只要我们能够发挥聪明才智，就能够做到息事宁人，将复杂的事情简单化处理。

课堂上，一位实习老师正在黑板上板书，刚写完几个字，突然有学生大叫了起来：“实习老师写的字比我们李老师写的字好看多了！”

此言一出，语惊四座。有口无心的学生不会想到，坐在后排听课的李老师是多么尴尬，心里是多么不舒服。而这位实习老师刚刚从学校出来，就碰到了这样让人尴尬的场面，着实头痛，如果处理不好的话，很可能影响和李老师之间的关系，让两个人在实习期里都会因为心里的疙瘩而不好打交道。但这个时候一味地用谦虚的话来贬低自己并不能很好地解决问题。这位实习老师在情急之下灵机一动，装作什么也没有听见，继续板书，头也不回地说：“是谁不安安静静地看课文，在下边大声喧哗？”

此言一出，让后座的李老师长吁一口气，感觉自己的面子得以保全，顿时轻松多了，尴尬的局面也就随之得以消除。

这位实习老师虽然年龄不大，但是在处理问题上十分成熟老练。当学生称赞他的字写得好的时候，他选择了避实就虚的方式，避开了学生的赞扬，从批评学生不遵守课堂纪律的角度入手，既维持了教学过程的正常进行，又体面地维护了李老师的面子。表面上他是在批评学生，实际上却是在向后排的李老师传递“我根本不知道学生说了些什么”的信息，同时又阻止了学生的继续称赞，从而避免了再次造成尴尬的局面。短短的一句话，取得了非同凡响的效果。

生活是千变万化的，许多尴尬的场景让我们防不胜防。既然尴尬无法避免，那么就不妨采用一些巧妙的手法来维护他人和自己的面子，让双方都能够有一个台阶下。在尴尬的时候能够打圆场，不仅能够反映一个人的聪明才智和应变能力，同时还体现了一个人善于设身处地为别人着想的良好道德修养。

如果在别人尴尬的时候，你能够不失时机地采取行之有效的方法打圆场，那么，你就能够获得别人更多的赏识和信任，从而提升自己的个人魅力，获得丰厚的人脉关系。

自嘲也可以趣味满满

抗战胜利以后，张大千从上海返回四川老家。临行前，众多好友设宴为他饯行，并特地邀请了梅兰芳等人作陪。

张大千是第一次与梅兰芳相见，他们两人相谈甚欢。宴会开始前，大家请他坐首座。

张大千说："梅先生是君子，应坐首座，我是小人，应陪末座。"闻听此言，众人都不解其意，以为两人有什么过节。而他的好友甚至开始给他使眼色，暗示他不要在如此重要的场合驳了梅先生的面子。

只见张大千不慌不忙解释说："不是有句话'君子动口，小人动手'吗？梅先生唱戏是动口，而我作画是动手，所以梅先生是君子，而我则是'小人'。我理应请梅先生坐首座。"

满堂来宾闻听此言都为之大笑，一颗悬着的心都放了下来，并请他俩并排坐首座。

后来，梅兰芳每每提及张大千时，都不忘说起这一事情，称赞张大千的幽默与智慧。

善意的自嘲有时候可以带来意想不到的效果，甚至带来意想不到的乐趣。故事中的张大千自嘲为"小人"，看似自贬，其实是"醉翁之意不在酒"，用自嘲的手段表现了他豁达开朗的性格和胸怀，也一下子拉近了与陌生人的距离。当我们处境尴尬时，与其在人前蒙羞，我们不如用自嘲来对付窘境。这样，不仅可以使自己找台阶下，也可以达到幽默的效果；既能体现自己的智慧，又可以给人带来乐趣，何乐而不为呢？在欢快的笑声中，我们可以给第一次见面的人留下美好的印象，也可以使本来不容易办成的事情变得很容易办成，因为你可以给人带来乐趣。

1.自嘲中体现智慧与幽默

在很多时候，自嘲也是一门学问、一门艺术。想要将这门艺术运用好，关键在于自己的智慧。在生活中我们经常碰到这种情况，有些人善于用自嘲将自己遇到的窘境转嫁到一个虚无的人身上，并能给别人带来意想不到的笑声，表现出非凡的智慧。例如，一个胖人不小心在大庭广众摔了一跤，他爬起来说："幸亏我这一身肉，要是个瘦子，只怕今天骨头肯定要折了。"一句自嘲的妙语，引得在场的人都哈哈大笑，自然，这位胖人在众人的笑声中也免去了难堪的窘境，体现出了自己的智慧和幽默，给周围的人增添了几分乐趣。幽默诙谐的自嘲，不需要当事人刻意地去掩饰，在人们善意的笑声中，周围的人也不会再去斤斤计较，很快就会淡忘。

2.得体的语言和行为举止

有些人在面临窘境的时候，常常有一些不好的习惯用语，甚至会破口大骂，让周围的人觉得这个人没有素质，没有教养。有人在自嘲时，有意无意之间也会流露出一些不好的行为习惯和用语，如在公共场合破坏公共财产等。在这种情况下，周围人的笑声便是嘲弄你的笑声，甚至是瞧不起你的体现，会使你所处的境地更加难堪。所以，我们在面临窘境的时候，如果语言和行为举止得体，可以使我们避免陷入更尴尬局面。至少我们不应去说或是去做与周围环境不协调的语言和行为，那样，我们面临的尴尬窘境就已经解决了一半。

3.以自嘲和大家同乐

不管遇到什么样的窘境，自嘲都会让你摆脱困境，还会为他人带来欢笑。有人觉得自己遭遇尴尬或是做错了事情就万劫不复，心情坏到了极点，其实，完全没有这个必要。例如，你做错了事，你可以对大家说："瞧，世界上没有人是完美的，我就是一个最好的证明。"同时你再给大家一个会心的微笑。这样，以自嘲和大家同乐，自己的心情也不会因为这件事而过分低落。大家也会更加信任你、敬重和佩服你，而你自己的心情自然也会好起来，你也能尽快地投入到工作和学习中来。

第 09 章

混迹职场：少说多做助你步步攀升

把握说话的尺度感

步入职场后，如果你有口无遮拦的毛病，那奉劝你还是抓紧改掉吧！毕竟职场如战场，说一些不该说的话，触犯了职场“雷区”，后果将不堪设想，轻者在同事、领导心中留下糟糕的印象，重者可能会被炒鱿鱼，影响职业生涯。所以，一定要把好你嘴边的门，不该说的话千万不要说。

有这样一个职场故事可以给大家提一个醒：

前段时间小琪的同事兼好友阿雨向她说起了一些关于自己职业生涯的计划问题，阿雨打算在现在的公司好好干，争取1年内实现自己的目标，到时候如果公司能够满足自己未来的要求，就继续留在公司发展，如果公司状况并不能达到自己的要求，就会选择跳槽，毕竟人往高处走嘛。

可这些知心话就在一次闲聊中被小琪告诉了金然，而且小琪并没有断章取义，她说这些的目的是表扬阿雨是一个很有远见、很有目标的女性，不像自己干了这么多年还是随波逐流，上司指到哪儿就打到哪儿。说者无心，听者有意，小琪对刚来公司的金然还不够了解，金然之所以要跳槽到现在的公司就是因为在原来的公司喜欢将别人的“八卦”以讹传讹，可以说是到处招惹是非。到了一个新的公司，换了一个新的环境，她却依然恶习不改。

不久之后，关于阿雨要跳槽的消息就传得满天飞，就连小琪听到了都有些信以为真，以为阿雨找到了什么好机会，兴冲冲地找到阿雨问这件事。谁知道阿雨看到小琪头也不抬一下，露出十分厌恶的表情。当小琪问阿雨关于跳槽的事时，阿雨更是气得脸都绿了。

“你倒问我？我还要问你呢！不是你到处跟别人讲说我要跳槽吗？我什么时候说过那样的话？亏我还把你当作好朋友，那天跟你讲了那么多，你怎么能这样陷害我？眼看就要发年终奖了，这件事都已经闹到主管那里了。本来今年的表现不错，还指望年终能多拿点儿奖金，这下全都泡汤了。谁会给要‘跳槽’的员工多发奖金？都是你干的好事！”

说完阿雨气愤地转头就走，小琪却摸不着头脑了。自己根本不知道怎么回事。想了好半天才反应过来这一定是金然干的，因为自己只和她一个人说过。不过，这时候后悔已经晚了。

这件事虽然并不是小琪造谣生事，却不能说她是冤枉的，毕竟也要怪她自己乱说话。

虽然有时候自己是为了缓和气氛，拉近和同事的关系，不由自主地就多说几句，但这种方法实在不可取，即使关系再好，也不要和同事无话不谈。那么，在职场中应注意哪些呢?

1.切忌鹦鹉学舌，人云亦云

如果你在办公室中，只会人云亦云、拾人牙慧，那么你就很容易被人忽视，你的地位将是可有可无的。不管你在单位处于什么样的职位，即使是最低等的小职员，也应该学会发出自己的声音，保持主见，敢于说出自己的想法，这样才能得到领导的赏识。

2.不要揭他人短处

朋友之间叫外号或是开开玩笑，是工作之余的逗乐，大家都会一笑了之，但是如果将同事的生理缺陷、生活污点等鲜为人知的短处当作笑料一一抖出，则会严重伤害同事的自尊心。所以，和关系好的同事之间开玩笑时，一定要多考虑一下。

3. 不交流薪水问题

首先，不主动与同事交流薪水问题；其次，如果同事把话题往工资上引时，你要尽早打断他，说公司有纪律不谈薪水；如果不幸他语速很快，没等你拦住就把话都说了，也不要紧，用外交辞令冷处理："对不起，我不想谈这个问题。"有来无回一次，就不会有下次了。

4.少在人前进行自我炫耀

有些人喜欢与人共享快乐，但涉及自己工作上的信息。譬如，即将争取到一位重要的客户，老板暗地里给你发了奖金，等，最好不要拿出来向别人炫耀。只怕你在得意忘形中，忘了某些人的眼睛已经发红。

5.少谈论原来公司与现在公司的问题

如果你觉得原来公司更不错，你也尽量少在现在公司讨论，毕竟你现在端的是新家的饭碗，这么不忘旧好总是不近人情。但也别以为喜新厌旧就好，如果你在现老板面前大谈原老板的不是，情况只会更糟。他觉得你今天能这么议论原单位，下次就会这么说现单位。

办公室是工作的地方，不是互诉心事的场所。虽然这样的交谈能够很快拉近人与人之间的距离，但心理学家经过调查研究后发现，事实上只有1%的人能够严守秘密。所以当自己的生活或工作有了问题时，应该尽量避免在工作的场所里议论，不妨找几个知心朋友下班以后再找个地方好好聊。

在老同事面前要示弱

一位职场新人向心理专家诉苦："在办公室里，有位工作了三四年的老同事让我很心烦，平时不管我做什么事情，他都喜欢过来指指点点，我真的好苦恼。"其实，他的苦恼应该是每一个职场新人都曾经遭遇过的。不过，对于每一位职场新人来说，初到公司的第一步就是与老同事搞好关系。为了"讨好”老同事，职场新人应该时刻注意自己的言行举止，尤其是语言方式。请记住这样一点：在老同事面前，说话要表现得弱一点，保持谦虚谨慎，方能亲近“老同事”。

小雨刚到公司不久，主管就安排他与一位老同事写一份计划书，两个人在确立计划书的方式时，小雨提出了自己的看法，可是，老同事以不屑的口吻说道：“小伙子，你想邀功的心情我理解，但你才进来，还是低调点好，小心‘枪打出头鸟’哟。”小雨心中很生气，但是，他冷静地想了想，老同事是干了十几年的老职员，如果与老同事发生了矛盾，对自己今后的工作十分不利。于是，小雨诚恳地说：“我其实并不想邀功，只是希望与您合作能够干出点成绩来，不管用谁的方案，报上去时都用您的名字，我就当好您的搭档。”听了小雨诚恳的话语，老同事终于同意了小雨的方案。

大多数老同事会凭着自己资历深厚而对新人的言行举止百般挑剔、抵触或者根本不认同，处处干涉、事事指导，让一些职场新人无法施展自己的能力，工作总是被牵制。另外，一些老同事还有一定的戒备心理，他们在工作上很保守，不愿意指点、帮助新同事，害怕“教会了徒弟，饿死了师傅”，在这样的情况下，难道新人就没有办法了吗？当然不是，谁都喜欢谦虚的人，老同事也是人，如果你言语中处处透露出尊重、谦虚、诚恳，那么，对方也一定会被感动，并愿意成为你的“职场老师”。那么，职场新人如何与老同事相处呢？

1.说话要尊重

即使办公室的老同事喜欢倚老卖老，我们也应该处处流露尊重的态度，善于发现其优点，不要反驳老同事的看法，不要与之发生正面冲突，给予老同事最充分的尊重才是上上之策。

2.投其所好，与之建立互惠互利的关系

初到公司一段时间，即使是新人也应该对老同事的喜好、个性有所了解，并在与其谈话的时候，投其所好，聊对方感兴趣的话题。另外，在办公室里，自己包揽一些小事，如端茶递水，这些是新人应该做的，也能借此给老同事留下好的印象，如此，在工作上，他定会不吝赐教。

3.拒绝要诚恳

有的老同事喜欢指使新人去做一些琐碎的事情，对此，职场新人也不要生气，如果自己真的很忙，或许实在不想被指使，也应该学会委婉地拒绝。当然，话语一定要诚恳，如“不好意思，我真的很忙，手上正好有一个计划需要赶写出来，而且，今天就要完成”。尊敬的态度，诚恳的语气，相信老同事一定会谅解你的。

对于办公室语言应该弄清楚，因为办公室和别的地方不一样，办公室里人际关系极其复杂，说话的方式稍不注意就会给自己与别人的交往留下定时炸弹。善于运用办公室的语言艺术，就是掌握了与同事交往的方式。

虽然说话要分对象场合，要分清说话的方式、语言、语气等，但是，最主要的还是要以得体的语言表述自己的意思，自信地处理与他人之间的关系，这样能帮助你获得职场上的成功。

言辞得当，秀出才能

口才流利的人在职场中会充分施展自己的才华，他优雅得体的举止、信手拈来的话语，常常能引来众人羡慕喜爱的目光。职场的氛围并不是每时每刻都是轻松愉快的，当空气沉闷、环境压抑的时候，如能适时地调节气氛，秀出你的口才，会有很多人聆听你的话语，这无疑有利于工作的顺利进行。沉默、木讷的人不会赢得人们的喜欢，妙语连珠的人不仅能引起众人的好感，而且能令刮目相看。

不是所有的人都能言善辩、精于言辞。有的人天性胆小，沉默寡言，不敢高声说话，更害怕喧嚣吵闹，遇到事情能躲则躲，从来不敢迎刃而上。这样的人，在职场中很少引起人们的注意，除非逼不得已，才与他聊上几句。在人们看来，这种人似乎很乏味，很单调，只适于做一些简单固定的事情。公司的重大决策和活动很少出现他们的身影，很多时候，他们也会被遗忘在角落。职场中的他们常常偏于一隅，默默地做着自己的工作。即使受到委屈，也不知道怎么向人倾吐，也从不敢抱怨，心中的苦闷无处发泄，烦恼就会滋生。其实，口才并不是天生的，需要经常锻炼。一个沉默寡言的人，努力学习职场语言，恰当好处地使用，同样能够言辞得当，善得人缘。

秀出自己的口才，不被职场复杂的人际关系所累，就能轻轻松松玩转职场。在职场中，口才好的人注重谈话艺术，措辞严谨。伶牙俐齿的人说起话来滴水不漏，不给对方留有反驳的余地，这往往会使他占据上风。领导对于这样的人欣赏有加，常会对其委以重任。这样的人也不会辜负领导的期望，他会凭着自己的优势完成领导交给的任务。职场中，我们经常可以看到这样的人，被其高超的谈话技巧吸引和征服。

小孙是众人羡慕的白领，薪资很高。在公司工作了一段时间后，她发现，公司的运营方式虽然十分先进，但是公司长期以来形成的工作环境非常沉闷，每天大家都在埋头做自己的工作，似乎彼此之间都存在戒备心理，谈起话来距离很远，让人感觉不到一点温暖。这让原本快乐的小孙感到非常压抑。

最近，小孙的工作负担越来越重，许多工作都是老员工强加给她做的。繁重的工作使得小孙感觉特别劳累，她决心不再保持沉默。当一个老员工又给她摊派任务时，小孙直接指出，那不是自己的分内事。那个老员工也许没有想到小孙敢出口拒绝，神情很尴尬。此后，再也没有人敢给她增加工作量了，负担减经了，小孙的心情也变得轻松了。其他人看着小孙敢说话，感觉她很直率，开始乐于和她交往。原本性格开朗的小孙给大家带来了很多欢乐。她的诙谐有趣的话语活跃了公司的气氛，这很快吸引了领导的目光。

能够为大家带来快乐，小孙的心里非常高兴。她还提议公司组织活动增强团体的凝聚力，这获得了领导的支持。在活动中，小孙非凡的组织能力和口才再一次让领导刮目相看。不久，公司要洽谈合作项目，领导委派小孙出席会议。小孙从没有想到自己能有这样的良机，决定抓住这个展现自己才华的好机会。合作项目推介会上，小孙刚柔并济，出色的口才说服多家商家和个人合作加盟，公司签订了多项合作项目，小孙的职位也因此得到了提升。

将你的口才在适当的时机展现出来，你必将受到众人的喜爱和领导的重用，自己的聪明才智也能发挥出来。正如事例中的小孙那样，在别人强加给自己额外的工作，让自己不堪重负的时候，能够大胆地拒绝、反驳；当冷淡的氛围不利于工作时，能够调节气氛，使周围的人愉快和谐地相处；在公司需要发展时，能够拓展合作项目，为公司带来效益。这，全是靠口才。必要的时候，口才就是提升自己的一笔巨大的财富。

不要因为自己的胆小卑怯而后退，也不要因为自己的口舌笨拙而感伤。抓住良机，秀出你的口才，击中要害，字字珠玑，句句似玉，使对方的强硬化作软弱，促成自己的成功。如此，你便能在职场中舞出自己的风采，散发人的魅力，受到领导的重用。

与领导沟通，说话要克制

作为下属，在与领导沟通过程中，我们需要把握彼此之间的亲近尺度，切忌说话太随意。换句话说，也就是下属需要说下属应该说的话。作为下属，我们不要以为自己的领导很随和，更不要觉得领导的年龄与自己差不多，就可以在他面前说话毫无顾忌。下属应该谨记：即便是性格很随和、年龄很小的领导，他们内心深处都会有一种强烈的自我意识，因为他们处在领导者这样的特殊位置。

小琪是一家报社的记者，她平时很喜欢看一些小资的文章和书，特别喜欢工作之外有更多的私人时间。上班第一个月，基本上不用加班，她觉得这份工作还真不错。

不过，到了第二个月，报社来了很多新闻素材，领导经常让小琪去现场采访。一开始小琪还觉得很新鲜，后来就感到疲惫了。在连续加了3天班后的一天，她正准备下班回家，这时领导进来了，说道：“小琪，你先别走，公司有一个非常重要的客户来了，你帮忙招待一下。”平时小琪说话随便惯了，尤其是当自己很累的时候，她也顾不上领导的面子了，她只感到疲惫和委屈，所以很没好气地说道："凭什么叫我接待啊？我已经下班了，当时招聘我来的时候，你们也没说过要干这么多事啊！"这时旁边的另外一位同事赶紧说："我去接待吧！小琪可能有事。"

回家的路上，小琪觉得自己对领导说话太随意了，不过，她也在为自己辩解：我已经连续加班3天了，很疲惫了，领导应该知道啊！没想到，两个月后，那位代替小琪去接待客户的同事升为主管，这时小琪才醒悟：都是自己说话随意惹的祸。

在日常工作中，许多人喜欢幽默、风趣地说话，时不时还跟同事开玩笑。几乎是没有人会讨厌这样的人，因为风趣的人会让人更容易亲近。我们经常说，幽默是人际关系的润滑剂，也就是这个原因。不过，与领导说话时随便开玩笑是不太好的，最关键的是与领导说话不能太随意，即便是开玩笑也要符合双方身份。通常下属向领导开玩笑，目的就是赞美他、抬高他、尊重他，玩笑的内容应该是善意的、积极的，让领导觉得中听的。如果太过随意，不懂得把握分寸，就很容易招致领导的反感。

小倩是单位后勤部的行政人员，她性格活泼开朗，经常喜欢开玩笑。上班后不久，她发现后勤部的张主任长相很斯文，对下属也经常是笑嘻嘻的，小倩就很想开开张主任的玩笑。

这天，张主任穿着一身新衣服来上班，黑色西装、黑色衬衫、黑色裤子、黑色领带，正好在走廊上碰到了小倩。小倩马上大声地说："哟，张主任，您今天这是准备去哪里啊，穿得这么崭新。”张主任听了，咧嘴一笑，可小倩马上说道：“瞧你穿着一身黑色的，莫不是参加谁的葬礼吧！”话刚说完，张主任脸色就变了，小倩也意识到自己说错了话，但自己也是经常跟朋友们开这样的玩笑，应该不会怎么样吧。

由于对张主任开这样的玩笑，在后面的工作中，张主任根本不愿意接触小倩，以至于小倩无法与领导进行正常的沟通，工作开展得也很不顺利。

在上面这个案例中，小倩所开的玩笑太过火了，虽然她意识到自己说错了话，但她觉得这些玩笑都是平时与朋友说的，应该没什么问题。但她忽略了，领导就是领导，并不是朋友，你与朋友说话可以很随便，但对领导说话则不能这样随意，而是应谨慎开口，把握好彼此之间的亲近尺度。那么，与领导说话应注意哪些方面呢？

1.说话注意亲疏关系

在日常工作中，下属与领导的关系，既不是特别亲近，也不能过分疏远，这就决定了说话应讲究技巧。你可以像朋友一样关心领导，但不可以像朋友一样与领导开玩笑。对领导说话，不能太随意，要时刻记住：他是君，你是臣，彼此之间是有距离感的。如果你擅自跨越这样的距离，那领导就会对你心生反感。

2.说话注意职位高低

下属在言语表达中，需要注意职位高低之分，即便你私底下与领导关系很密切，说话也不要太随意。与领导说话，认清双方的角色是很重要的，如果你的语言表达太随意，不把领导放在眼里，或者让领导感觉不如你，那你今后的日子就会很不好过。

沉默有度，不要妄加评论

下属在与领导沟通过程中，要掌握一定的分寸，在该说话时一定要说话，在不该说话时绝不开口，该沉默就要沉默，特别是领导在场的情况下，对某些问题或一件事情，不要妄加评论，因为即便你说了也是白说，而且假如你的意见与领导相悖，那就相当于当面给领导难堪，所以，在这样的场合，要做一个聪明的下属，适时闭上自己的嘴巴。通常在领导面前评论都是不明智的行为，除非你只是重复领导的意见。首先，领导尚未开口的情况下，如果你擅自评论，那领导会觉得你没把他放在眼里；其次，在领导已经开口的情况下，如果你有相反的意见，如领导都说了肯定的话，结果你却说不行，那岂不是当面与领导唱反调吗？最后，在没有得到领导的允许时，无论领导是否已经发表意见，下属妄加评论都是不恰当的。多方面看来，最后的结果都是难堪。

与做任何事情都一样，说话也是需要把握时机和场合的。

该说话时则说话，不该说话时就一定不要多说，因为即便说了也没用，反而令人生厌。沉默有时候比说话更有分量，会让领导觉得你是一个说话有分寸的人、可靠的人。如果你不管场合，哪怕领导在场，也妄自发表一些评论或观点，领导就会觉得你是一个没有分寸、容易乱开腔的人。因此，下属一定要牢记：有领导在的场合，最好保持沉默，除非领导主动要求你说说意见，否则，沉默才是你最好的选择。

有一次，小李跟着张经理去法国拜见老客户，当客户拿出自己的产品后，没怎么见过大场面的小李眼睛都直了，张经理还没开口，小李就直称赞："这产品真漂亮，可是我见过最漂亮的东西，这个东西一定很贵吧！"客户用生硬的中文回答说："不贵，只需要人民币500块。"旁边的张经理脸色有点凝重，似乎觉得价格贵了，但小李没注意到张经理的脸色，而是开口就说："那我觉得价格还可以接受，当时，我看到这个产品还以为需要1000块人民币呢，这样便宜啊，张经理，你觉得呢？"兴奋的小李没意识到自己是下属的身份，而是反而用类似领导的口吻来询问张经理的看法。这时，张经理的脸色已经变了。

后来，张经理有许多公干的机会，但他都找了其他的下属一同前去，因为在他看来，小李是一个说话不注意分寸的人。这样的下属在自己身边，会给自己带来麻烦，或许直接让自己失去面子。

在案例中，对客户拿出的产品，张经理还没有发表任何高见，迫不及待的小李就赞叹起来。然后，询问价格方面，当客户说出产品的价格后，张经理的脸色表示他认为这样的价格有点偏贵，但小李擅自做主地表示“这个价格可以接受”，完全忽视了领导的身份，而把自己当成了主角，也难怪后面张经理不再找他一起去公干了。

与领导说话时应注意以下两方面。

1.不要在领导面前评论同事

在工作中，有时候领导会对着你说一些其他下属的问题，这时，同作为下属的你，不要妄加评论，至少在领导需要你开口之前，需要保持沉默。如果你由于曾经与那位同事有矛盾或冲突而妄自评论，就会在领导脑海中留下这样的印象：这个人背景很复杂，因为你的对立面很多；这个人不太会处理关系，不是很合群；这个人品质不太好，因为你企图利用领导来肃清你的对立面。所以，该沉默就沉默，不要多说一句话。

2.领导要求才开口，多余的话一句也不要多说

在与领导沟通过程中，需要多听少说，尽量保持沉默，这样反而会让领导觉得你是一个善于言辞的下属。反之，你说话太多，该说不该说都在说，甚至当着领导的面，妄自发表意见，驳了领导的面子，他就会认为你沟通能力有问题。当然，有些下属并不知道自己什么时候该说，什么时候该沉默。如果你实在不知道，那就遵循一个原则：领导要求才开口，此外，多余的话一句也不要说。

第 10 章

设身处地：探寻需求轻松搞定客户

初次见面，先赢得客户好感

当我们走在大街上，迎面碰到推销产品或者发传单的人时，我们本能的第一反应往往是绕道而行。既然客户有排斥心理，那么销售人员在第一次约见时就不要上来就开始推销自己的产品，先争取客户的好感与信任，给对方一定的印象，再谈销售时就容易得多了。

王刚是一名很出色的保险销售人员。他做保险的第一原则就是：和客户初次见面，绝不涉及保险销售问题。

一次，王刚打算约见一个姓杨的客户，他是某公司的老板，工作非常忙，而且经常出差。所以要约见他很困难。于是，王刚提前给他打了个预约电话。

“杨老板，我是王刚，是一名保险顾问，以前曾经约过您，但您没有时间，您还记得吧？”

“好像是。”

“杨老板，我知道您很忙，但您能在明天上午抽出10分钟，咱们面谈一下吗？10分钟就够了。”王刚特意强调了一下“10分钟”。

“小王啊，你是想推销保险吗？已经有很多保险公司找我谈过了，我没什么兴趣。”

“杨老板。您放心。我保证不是要向您推销什么。明天上午10点，您能抽出10分钟时间给我吗？”

“那好吧。你明天上午过来吧，你最好准时来。”

“太好了，杨老板，谢谢！我一定准时到。”

经过王刚的竭力争取，杨老板终于同意让他拜访了。第二天上午10点，王刚准时到了杨老板的办公室。

“我知道杨老板您的时间非常宝贵，我会严格遵守10分钟的约定。”王刚很有礼貌地说。

于是，王刚开始了简短的提问。10分钟很快就到了，王刚主动说：“杨老板，10分钟到了，我不耽误您了，再见。”

但是，谈话并没有这样结束，杨老板又留王刚坐了半小时，并且告诉了他很多他想知道的东西。

实际上，在王刚约见的众多客户中，有很多人是在10分钟之后又和他说了很长时间，而且他们都是自愿的。

王刚的成功在于他懂得销售的技巧，初次见面最重要的是把客户稳住，而不是直接进入销售环节，增加对方的反感。如今太多的销售人员都急功近利，恨不得立刻将那些陌生客户变成可以套现的摇钱树，不懂得循序渐进、水到渠成的道理，上来就拿出产品，狂轰滥炸，怎会成功呢？

那么，初次拜访客户的时候，我们应该注意哪些问题呢？

1.讲信用，不食言

如果你在预约的过程中已经表明了你不会谈销售，那你就一定不要食言，否则对方就会对你的诚信有所担忧，那他还会继续听你说话，跟你合作吗？所以说，与人沟通一定要把诚信放在前列，这样才能赢得对方的好感。

2.尊重客户的时间

初次谈话，最好不要占用客户太长时间，要长话短说，不要喋喋不休，否则下次你再想约见客户恐怕就很难了。当然，如果客户主动要求延长交谈的时间，你就不要“惺惺作态”了，应该顺从客户的意思，和对方多聊一会儿，否则客户会认为你不近人情或很虚伪。

3.注意语速问题

语速太快不利于对方倾听和理解，会给对方一种压迫感，似乎在强迫对方听我们讲话；语速太慢，则容易给对方带来枯燥乏味的感觉，同时也不利于谈话的进行。所以，在和客户交谈过程中，语速一定要掌握好。很多销售人员为了快速把信息传达给客户，说话的时候就容易出现语速过快的现象，其实这样的效果并不好，会给人一种被人灌输想法的感觉，最后客户耳朵里也没听进去几句话。

4.心态要好

不要因为机会难得而过于紧张，要学会适当地放松自己，展现自己最好的一面给客户，这样更能促成沟通的成功。要面带微笑，不要给自己和客户压力，这样在客户面前我们才会显得更有亲和力，让客户觉得和我们交谈是一件非常愉快的事情。

一个优秀的销售人员考虑的不是如何向客户卖力地介绍产品、推销产品，他考虑的是如何与客户拉近关系、建立感情，循序渐进地做生意。朋友们，不要太过于心急，心急吃不了热豆腐，先把客户稳住，你的目标才能一步步达成。

诚信经营，打动客户内心

胡雪岩在商训中写道："地为后天修为。古人云：'天生我材，必有一用。'有用者，必守信也。言必行，行必果。信乃人立身行事之本也。信者永存。为人之道，守信为最，信念不移，大事可成；无信念或信念不坚持者，事终不成，经商亦然。古来无信念而成巨贾者，鲜矣。"一代商贾胡雪岩明白，诚信永远是打动客户的最佳手段，因为诚信就是最好的招牌。直到今天，诚信仍然是商家不可忽视的品质，尤其是我们在对待客户的时候，更需要以诚信为本。如果一个人没有了诚信，那么，这个人就不会得到客户的信任，他也无法在社会上立足。

卡耐基说："当我们为大众谋利益的时候，我们的财源就滚滚而来。"诚信，不以形显，而以质昭，它是一种根植于客户内心的信任感。在客户心里建立诚信，需要我们从点滴做起，毕竟，一滴水可以折射太阳的光芒。对待客户，需诚信交易，诚信做人，不坑蒙拐骗，不耍诈，如此，才能真正地打动客户。

子曰："人而无信，不知其可也。"意思是，一个人若是不讲诚信，就无法在社会上立足，就什么事情都做不成。在现代社会，商人在签订合约的时候，都希望对方能够信守承诺，诚信俨然已成为最佳的竞争手段，可以说它是经济的灵魂。那么，如何培养诚信这一品质呢？

1.不欺骗客户

蔡元培说："诚字之意，就是不欺人，亦不可为人所欺。"在现代社会，许多人为了能够销售出更多的商品，不惜编织谎言，吹嘘产品如何如何地好，顾客在不察觉间上当了，等到真正将产品买回家，才发现受骗了。如此销售，或许你能糊弄部分粗心大意的客户，但也只是暂时的，从长远来说，你会失去客户对你的信任，最终也就失去了整个市场。

2.信守承诺

许多销售人员在向客户推销产品的时候，为了促进客户购买产品，常常轻易许下诺言："你若是买了这款××，我们将送你一份大礼。”客户真的买下 × × 之后，才发现根本没有什么大礼。也许客户不能对你怎么样，但他会对外宣传你的不诚信，从而让你失去更多的客户。所以，对客户要说话算数，千万不要许下一些空头支票，否则，诚信出了问题，就难以弥补了。

3.以诚待客

徽州商人吴南坡说：“人宁贸诈，吾宁贸信，终不以五尺童子而饰价为欺。”他所出售的南坡布货真价实，深受客户的信任。如何诚信经商？我们需要做到以诚待客、货真价实、公平买卖、信守合同、不做假账等。俗话说得好：“诚信是最好的公共关系政策。”我们只有以诚待客，方能使客户盈门。

对客户讲诚信，并不是说说而已，而是需要落实到行动上。有的人满口诚信，却总是以利益为主，以自私和贪婪玩弄诚信。殊不知，一旦客户识破了你那所谓的“诚信”，那么，之前对你的好感就会土崩瓦解了。

时刻为客户着想

一个成功的销售人员，除了要尽心竭力为客户服务之外，更要学会站在客户的角度思考问题。这样你才不仅是一个销售人员，而能够成功走进客户的心里，成为客户最信任和最愿意托付的人。这个世界上从事销售工作的人有千千万万，为什么很多人穷其一生依然只是一个普普通通的销售人员，而有的人却能够站在销售人员队伍的金字塔尖，成为销售行业的成功人士呢？区别就在于是否用心。人们常说，凡事都怕用心，只要用心，就没有做不好的事情。这句话是非常有道理的。

从某种意义上来说，销售人员和客户之间的关系处于对立的状态。这就像是一场拉锯战，销售人员想把东西推销给客户，客户则不停地在挑毛病、找问题，似乎就是不想购买；或者即使想购买，也想就价格等因素与销售人员来一场硬仗。销售人员想要成功地把东西推销出去，让客户主动地、心甘情愿地购买，显然需要一些技巧和方法。其实，无论多少技巧和方法，都比不上真心真意地为客户着想、帮助客户排忧解难、满足客户的需求。

对于销售人员的态度，客户是一定会有所感知的。面对一个急功近利的销售人员，客户往往很难接受，因为他总觉得销售人员做一切都是有所图谋的。对于一个一心一意为自己着想的销售人员，客户则会给予他更多的信任和理解，也愿意把自己的所需托付给他解决。这样的销售工作获得的不仅是成就感和满足感，也会有心理上的安慰和情感上的满足。需要注意的是，销售人员想要了解客户，最重要的就是做好倾听的工作。

对于原本完全陌生和一无所知的客户，如果不能静心聆听，显然就无法深入了解他们的需求，更不可能对他们有求必应。有些销售人员一见到客户，总是迫不及待地想让客户接受他所推销的一切，这未免太心急了一些。任何销售工作，都要从点点滴滴做起，才能给予客户最好的体验。即便客户对于你的很多观点持有不同的意见，你也应该先肯定客户的态度，然后再委婉地表达自己的意思。这是成熟的销售人员经常采取的分歧处理法，效果非常好。

作为一名房地产经纪人，小马的销售产品就是诸多的二手房。众所周知，二手房的销售工作和新房不同，新房的户型只有几种，而且小区环境是统一的。但是二手房不但区域广泛，而且每套房子都有自己的特点，也有自己的故事。因而销售二手房显然比销售一手房难多了。最重要的是，销售二手房时还要面对广泛客户群体的不同需求。每天带着不同的客户去看房，有的时候小马也觉得很累。但是自始至终，他都坚持一个原则，那就是把客户的需求当成自己的需求。想一想吧，要是自己拿出几代人辛苦积攒的积蓄来买房，也是一定要再三比较和权衡，买一个性价比最高且最满意的吧！想到这里，小马又释然了。

一个周末，正是小马最忙的时候。他带着一对老大爷、老大妈看房。这对老大爷和老大妈已经70多岁了，因为在城里住得厌倦了，所以想到近郊的地方选购一套二手房。虽然他们没有提出更多的需求，但是除了给他们选择低楼层的房子之外，小马带他们看的都是装修非常好的房子。在看一套一层带花园的房子时，小马对大爷大妈说："大爷大妈，这套房子我个人认为是比较适合你们的。你们看，这个房子是一层，满足了你们低楼层的需求。此外，这个房子虽然是一层，但是因为有半地下室，所以采光也比较好，最重要的是不会潮湿。还有一点，我觉得你们老两口年纪也比较大了，禁不起装修折腾，这套房子原本是一名演员的婚房，后来她去外地发展了，所以这几年来基本没怎么住，保持得非常新，装修的异味也完全散尽了。最最重要的是，这套房子还带着一个小花园呢，你们可以在院子里种花、喝茶，最好再搭个葡萄架，颐养天年。孩子带着孙儿孙女来了，也有地方可以玩耍。"听了小马头头是道的分析，大爷大妈高兴地说："小马，你真是贴心啊，比我儿子想得还周到。那家伙听说我们要在近郊买房，什么也不管，就让我们老两口坐着公交车来看。"小马似乎突然想起了什么，笑着说："大爷大妈，这个小区门口就有公交车，你们以后要是想进城，不赶时间的话根本不用倒地铁，坐公交车多晃悠一会儿就到了。公交车的终点站就是地坛医院，以后看病什么的也很方便。当然，小毛病就不用去那么远了，小区步行10分钟就是社区诊所，头疼脑热都能看。"在小马的一番分析下，大爷大妈很快交了定金，决定购买这套各个方面都很合适的二手房。他们非常感激小马，还说等乔迁新居之后要请小马吃饭呢！

了解二手房的人都知道，销售二手房的难度是很大的。因为不但要使客户对房子满意，还要给房主做好维护工作，让房主愿意把房子卖给客户。这就像是给未婚男女当媒婆，必须双方都觉得满意，才能好事渐近。若有一方觉得不满意，交易就无法真正达成。

在这个事例中，小马之所以能够成功地把这套二手房销售出去，就是因为他始终站在客户的角度考虑问题，甚至比儿子为父母选购房子更加用心。他不但考虑到客户大爷大妈不能爬高层楼的问题，还考虑到一楼的阴暗潮湿问题和大爷大妈没有精力装修的问题。对于老年人最关注的看病问题，他也未雨绸缪先想好了，不得不说，小马的销售工作之所以进展顺利，与他设身处地地为客户着想是分不开的。

当然，生活中还有很多类型的销售工作，归根结底，销售工作就是人的工作。所谓销售，正是要搞定人，才能进展得更加顺利。任何人都希望得到他人的理解和体谅，销售员如果总是强迫客户接受他们不想要的，无疑会导致巨大的失败。只有急客户之所急，想客户之所想，真心真意地为客户解决问题，才能得到客户的信任和委托。

把握时机，一招制胜

古人云，天时地利人和。这句话告诉我们，一件事情要想获得成功，必须具备多方面的条件，绝不可侥幸为之。销售也是如此，也讲究天时地利人和。很多情况下，有些销售看到地利人和，马上就迫不及待地想要促使客户成交，却忘记了最重要的天时。所谓万事俱备，只欠东风，恰恰为我们指出了天时的重要性。

凡事都要讲究时机，如果能够把握时机，则能事半功倍。如果时机不到，则再多努力也是徒劳。当然，对销售人员而言，所谓时机，并非指的是自然的天气，而是客户的心理状态。换言之，如果客户的心理状态已经到位了，只差你一句轻轻的催促，那么你的那句话就像是一声令下。反之，如果客户的心理还没有作好成交的准备，你却一味地催促，那么很有可能起到相反的作用，使客户觉得你只是为了自己的利益，所以才如此急功近利。一旦失去客户的信任，最终的结果可想而知。

有人说做销售人员一定要有销售的技巧，要会说话，要会表达。我们要说，做销售人员一定要能够耐得住寂寞，耐心地等待好时机的到来。很多时机转瞬即逝，就像战场上的战机一样，既不能提前，也不能贻误，必须把握得恰到好处。这就要求我们必须深入了解客户的需求，而且随时保持与客户之间的联系，以掌握客户的心理动态。

很多钓鱼的人都知道，当鱼儿开始咬钩的时候，千万不要急于收线，否则就会把鱼儿惊跑。当然也不能等到鱼儿悠然自得地吃饱喝足了再收线，否则就一无所获。只有在恰到好处的时机提竿收线，才能收获满满。做销售也是同样的道理，锻炼能力的同时，也在考验我们的耐力。和海水潮涨潮汐一样，销售人员和客户之间每次交谈的状态也是不同的，有的时候相谈甚欢，有的时候则显得非常低落，并不适于促进成交。在很多情况下，如果销售人员能够准确捕捉到客户释放出的成交信号，再给予客户一定的推动力，就一定能够水到渠成地促使交易达成。相反，假如客户明明不想成交，销售人员却一个劲儿地促使客户成交，则只会起到相反的作用。

毫无疑问，郝刚是个难缠的客户。也许是因为年轻的时候被朋友骗得血本无归，他根本不相信任何人。小徐之所以能够与郝刚取得联系，甚至得到郝刚些许的信任，也是因为他一直以来都在耐心地与郝刚通过邮件、微信等聊天，才渐渐打开了郝刚的心扉。

最近，郝刚对于跟着小徐看的那套房子还比较满意，但是偏偏房主在美国，只给小徐留了把钥匙，必须等到客户交了定金，才能不远万里地飞回来签订合同。对于郝刚的疑心，小徐是充分见识到的，所以他知道自己必须赢得郝刚的信任，才能促使交易的达成。为此，他从不像催促其他客户那样主动给郝刚打电话，而是等了一个多星期，才会给郝刚发微信，取得联系。小徐知道，必须让郝刚自己经过成熟的思考，才能进行下一步。有一天，郝刚突然破天荒地给小徐来了个电话，询问房子的相关情况，小徐接到电话之后特别兴奋，他觉得郝刚已经释放出了想要成交的信号。为此，在与郝刚通电话的第三天，小徐得知另外有一个客户也对这套房子很满意，所以马上以急迫的语气给郝刚打电话，促使他过来交购房定金。听到小徐着急的催促，郝刚想到，小徐一直以来都很淡定，所以他意识到这次一定是真的很着急。为此，他当天下午下班之后就赶到小徐的公司，交了购房定金。接下来就是等房主签合同，一切都进展得非常顺利。

在这个案例中，对于心重多疑的郝刚，小徐就像一个等着钓大鱼的垂钓者一样，付出了足够的等待和耐心。他很清楚，若他过早地催促郝刚，就会在转瞬间失去郝刚的信任，又因为房主不在本地，无法与郝刚见面，那么一切都无法继续谈下去了。为此，他努力控制自己不给郝刚去电话，从而给予郝刚足够的考虑时间。直到郝刚主动来电话询问房子的情况，小徐意识到郝刚已经动了买房的心思，因而在第三天的时候恰到好处地去了个电话，促使郝刚交了购房定金。对于郝刚而言，他能够下定决心购买也是很艰难的过程，因而他也不愿意失去这套已经衡量已久的房子。正是因为时机把握得好，他们的交易才进行得非常顺利。

现实生活中，有很多销售人员都按捺不住自己的急迫心理，总是不分青红皂白地催促客户成交。还有些销售人员则恰恰相反，他们总是不好意思催促客户成交，因而错失良机。这两种情况无疑都是不可取的，作为销售人员，我们必须及时洞察客户心理，把握客户的最新心理动向，才能做到及时准确、恰到好处地促使客户成交，从而成功完成销售工作。

漫不经心一样可以感动客户

人是感情动物，有时情绪很容易反复无常，因此，如果能够常常把话说到客户心坎里，让客户心花怒放，则是销售人员通往成功的杀手锏。让客户在你的语言调动下喜笑颜开并非简单的事情，这远远不是阿谀奉承或者曲意逢迎就能做到的。首先，我们必须认真观察客户，从各个侧面了解客户的内心世界，这样才能投其所好，把话说到客户的心里。其次，我们还应该淡化刻意的痕迹，任何一流的东西一旦变成显学，马上就会掉下一个档次，说话也是如此。我们只有以漫不经心的语气随口说出让客户心花怒放的话，他们才能更加信任和钦佩我们，从而避免客户因为被刻意讨好而对我们心生戒备。

在这个世界上，既没有无缘无故的爱，也没有无缘无故的恨。任何事情，一旦细细追究起来，我们就会发现都是有前因后果的。对待客户也是如此，虽然客户是我们的衣食父母，但是如果无缘无故过分热情或者讨好，客户一定会马上心生警惕，觉得我们一定是有所企图。这样一来，接下来的工作就会变得很被动。与其等到被动的时候再补救，不如防患于未然，在一开始的时候就努力避免，始终占据主动。

作为柯达公司的创始人，伊斯曼在美国可是大名鼎鼎，无人不知，无人不晓。正是这位大名人捐出巨资，准备在罗彻斯特建造一座纪念馆、一座音乐宫殿和一座戏院，以帮助当地的人们丰富业余文化生活。消息传播出去后，很多经营座椅的制造商都闻讯赶来，因为他们很清楚，如果能够为这三处公众场所提供座椅，那一定是笔很大的生意。遗憾的是，他们全都乘兴而来，败兴而归，根本没人入得了伊斯曼的法眼。此时，一家公司的经理亚当斯也闻讯赶来。在引荐亚当斯拜见伊斯曼之前，伊斯曼的助理好心提醒亚当斯，让他一定要把会谈时间控制在5分钟之内，否则就会被伊斯曼下逐客令。亚当斯表示感谢之后，就胸有成竹地走进了伊斯曼的办公室。

进入办公室之后，看到伊斯曼正在埋头处理公务，亚当斯一直站在那里静静等待着。当然，他一直在环顾亚当斯的办公室，丝毫也没有闲着。过了没多久，终于抬起头来的伊斯曼发现了亚当斯，问道："您好，请问有何贵干？"亚当斯笑着说："伊斯曼先生，我是一家座位生产商。刚才在等待您处理公务的间隙，我发现您室内的装修简直可以称为精致的典范，尽管我几乎每天都要与木材打交道，但还是叹为观止。"亚当斯的话让伊斯曼的脸上浮现出笑容，他说："谢谢您的提醒，我几乎已经忘记了这间办公室的装修是我亲自设计和监工完成的。因为忙于工作，我已经很久没有好好打量我的作品了。"亚当斯走到屋角的一张茶几旁，说："这肯定不是意大利橡木，应该是英国橡木吧，这么漂亮的纹理只有英国橡木才有。"看到亚当斯如此火眼金睛，伊斯曼高兴地站起身来也走到茶几旁，说："的确，这个橡木当初是我特意托朋友从英国海运过来的。"伊斯曼心情似乎很好，甚至放下手里的工作，开始带着亚当斯参观他的办公室。此时此刻，当初装修时的各种用心和辛苦都在他的心里复活，他带着些许骄傲和自豪，向亚当斯介绍他室内每一件木器制品的由来。亚当斯面带微笑认真聆听，时不时地也会发表自己的真知灼见。后来，亚当斯还问起伊斯曼创业的艰苦，更加把伊斯曼带入遥远的回忆中。不知不觉间，他们已经聊了好几个小时，丝毫没有觉得彼此陌生，而是熟悉得像老朋友一样。从头到尾，他们都没有谈到生意上的事情，却相谈甚欢。

告别伊斯曼之后，亚当斯很快就收到了伊斯曼的通知，邀请他过去签订订购协议。最终，亚当斯不仅成为伊斯曼的座椅供应商，还与伊斯曼成为交情深厚的朋友。

在这个案例中，亚当斯之所以能够成功打开伊斯曼的心扉，就是因为他以漫不经心的口吻，赞美了伊斯曼曾经费尽心思装修的办公室。毫无疑问，这间办公室是伊斯曼的得意之作，对于自己投入大量心血、时间和精力的东西，伊斯曼当然不厌倦谈起。从而，他们之间谈兴渐浓，彼此钦佩。最终，友情在他们之间产生，他们甚至觉得相见恨晚，又如何还需要谈及生意上的烦琐俗事呢！

销售工作的最高境界，亚当斯轻而易举地达到了。有些销售人员一开口就谈论自己的产品，而丝毫不顾及客户的感受和需求，更不会想到要照顾客户的情绪。这样的销售，无疑是瞎子摸象，会给客户带来极其糟糕的消费体验。真正的销售是一门艺术，是能够让客户的心欢呼雀跃的艺术。只有你圆满完成了销售工作，且赢得了客户的尊重和喜爱，你的销售工作才算真正成功。

参考文献

[1]李安.这样说话最受欢迎 [M].北京：中国城市出版社，2010.

[2]项星.每天学点幽默口才[M].北京：中国纺织出版社，2010.

[3]祖林.不会说话别当头:职场沟通的说话艺术[M].北京：厦门大学出版社，2012.

[4]卢光光.沟通力！拼职场，别输在不会汇报工作上[M].北京：中国铁道出版社，2017.